图书在版编目（CIP）数据

一步一境阳明路 / 谢亚鹏著. -- 贵阳：孔学堂书
局，2025．1． -- ISBN 978-7-80770-570-3

Ⅰ．B248.2

中国国家版本馆CIP数据核字第2024U8F804号

一步一境阳明路　　　谢亚鹏　著

YIBU YIJING YANGMINGLU

策　　　划：张发贤

责任编辑：陈　倩

版式设计：刘　津

内文插画：刘　潇

责任印制：张　莹

出版发行：贵州日报当代融媒体集团
　　　　　孔学堂书局

地　　址：贵阳市乌当区大坡路26号

印　　制：贵阳精彩数字印刷有限公司

开　　本：787mm×1092mm 1/32

字　　数：158千字

印　　张：8.875

版　　次：2025年1月第 1 版

印　　次：2025年1月第 1 次

书　　号：ISBN 978-7-80770-570-3

定　　价：58.00元

序

郦波 南京师范大学文学院教授、博士生导师，兼任江宁织造博物馆馆长、南京明清文化研究中心主任，《百家讲坛》主讲人、《中国诗词大会》嘉宾。

亚鹏兄把《一步一境阳明路》书稿发来后，嘱我为之作序。利用课余时间连续几晚通读书稿后，我甚为惊喜。说实话，让我没有想到的是，亚鹏兄围绕王阳明贵州诗文，创作出如此一部厚重实在的作品。

我与亚鹏兄认识的时间并不长，缘于 2020 年 9 月我受贵州省委宣传部之邀，到贵州参加"书香高原"全民阅读推广活动，活动的主题是"问道向黔·探寻阳明悟道之路"，由我带领读者以经典阅读的形式，串联起

500 年前王阳明在贵州的行迹 ——"阳明·问道十二境"。于此，大家一道感受王阳明悟道传道的心路历程，探寻多彩贵州这片土地上中华优秀传统文化发展的一条重要历史脉络。

2023 年初，亚鹏兄再次陪我到阳明洞、玩易窝拜谒阳明先生悟道身影，到阳明书院、阳明文化园等地走访，让我又一次深切体悟到阳明先生当年之不易，及阳明心学之伟大。在拜谒、走访过程中，亚鹏兄说，他正在结合阳明先生的贵州诗文，对王阳明当年走过的地方、结识的各色人等一一进行解读，以诗为主，以文为辅，回望过去，观照当下，争取能有点心得和收获。我当时积极回应，称赞这个创意很好，可以坚持做下去。

2023 年底，亚鹏兄就把书稿呈现在了我的面前。虽然之前，亚鹏兄在他的微信公众号"书不语"中断断续续推送过，我也时断时续地浏览过，但汇集起来看，仍让我心生敬佩与感慨。

一是惊叹。书稿从两个大的方面对王阳明在贵州的足迹、心迹进行了梳理和解读。第一部分是"步境·王阳明诗文里的'龙场悟道'之路"，以王阳明进出贵州及在黔期间的活动为主线，将王阳明在黔期间所到达的地方一一进行了梳理，既有非常重要的史料价值，更具有探析阳明心学诞生的参考价值。王阳明在贵州的时间虽然不长，但从进入贵州到离开贵州，以及在贵州的活动行迹，大多都在他的诗文中得以体现，有的直接体现在诗文的标题上，有的体现在诗句中，还有的埋藏在诗文的字里行间，需要仔细阅读分析，才能得以发现。这些亚鹏兄都做了认真细致的梳理分析，目前已知地点主要有：钟鼓洞、玉屏（平溪馆）、黄平（兴隆卫）、凯里（清平卫）、福泉（七盘）、修文（龙场驿、东洞、玩易窝、南山、小溪、龙冈书院、西园、天生桥、三人坟、六广河、木阁箐古道）、黔西（象祠）、贵阳（来仙洞、二桥和三桥、太子桥、南霁云祠、白云堂、城南蔡氏楼、汪氏园、南庵、易氏万卷楼）、龙里、镇远等。于此，"阳明·问道十二境"也自然包含其中。第二部分是"此心存·王阳明'龙场悟道'的朋友圈"，通过对王阳明诗文中所提及的人物一一梳理，让我们深切感受到阳明先生拥有一个怎样的朋友圈,通过王阳明的朋友圈,发现阳明先生的为人处世。从亚鹏兄的梳理情况看,阳明先生在贵州期间接触到的人物主要有:王文济、施总兵、胡少参、毛拙庵、陆金宪、张宪长、徐掌教、黄太守澍、徐都宪、刘仁征、刘美之、刘侍御、陈文学、安宣慰、席书,阳明先生在《镇远旅邸书札》中提到的仆人王祥,远送他到龙里的高鸣凤、何廷远、陈寿宁,以及张时裕、向子佩、越文实、邹近仁、范希夷、郝升之、汪原铭、李惟善、陈良丞、汤伯元、陈宗鲁、叶子苍、易辅之、詹良丞、王世丞、袁邦彦、李良丞等"列位秋元贤友"。如此算下来,王阳明在贵州短短两年时间,就结识几十人之多,这还不算龙冈书院、文明书院的其他"诸生"。阳明先生脚步到达的地方和他的朋友圈,不能不让人惊叹。

二是惊喜。我之所以说惊喜,是因为亚鹏兄能在繁忙的行政工作之余,把王阳明诗文梳理得这么条理清晰透彻,解读之认真,史料之准确,行文之流畅,让我心生敬佩。在这本书中,他通过阅读大量的文献资料，坚持做到以诗为引、以文为辅、印证心路、观照古今，并从阳明先生诗文中梳理挖掘出阳明心学的诞生历程，由此告诉读者，阳明心学的诞生不是一蹴而就的，而是一个循序渐进的过程。这一过程又与阳明先生的生命历程、人生际遇密不可分，更和他一心成为"圣人"的孜孜追求分不开。我惊喜于亚鹏兄作为一个阳明文化的爱好者，能有如此之功夫和心力，把阳明先生在贵州的这些细节梳理得如此清楚，且信手拈来毫无晦涩之感。由此可见，作为出版人的亚鹏兄是一位用心用情用力之人，善于学习善于思考善于钻研。这些年来，我也和不少出版单位和出版人打过交道，接触的出版人中有的在选题策划上是强项，有的在寻找作者资源上有优势，还有的在宣传营销上能力突出。亚鹏兄的优势是勤奋踏实，苦心钻研，善于统筹和整合各种资源，而且动笔能力也非常强。由是观之，假以时日，亚鹏兄不论在出版还是在写作上，都能取得更为可观的成果。

2014 年 3 月，习近平总书记参加十二届全国人大二次会议贵州代表团审议时指出："王阳明曾在贵州参学悟道，贵州在弘扬传统文化方面有独特优势，希望继续深入探索，深入挖掘，创造出新的经验。"阳明心学诞生在贵州、形成在贵州、发展在贵州，是中华优秀传统文化的精华，是贵州文化的"宝贝"。这些年来，我到贵州许多次，或参会或讲学或游历，看到贵州上下对阳明文化的转化运用高度重视，特别是去年还专门出台了多彩贵州"四大文化工程"统筹实施方案，阳明文化转化运用工程也是其中之一，这实在是阳明先生之幸、阳明心学之幸、中华优秀传统文化之幸。

心上学，事上练。路在脚下，路在心上，阳明心学是心上学，更需事上练，强调知行合一。亚鹏兄通过自身的不断修行和锤炼，把这部作品奉到读者面前，也是他践行知行合一的具体体现。向他致以真挚的祝贺，期待有更多、更好的研究成果问世。

是为序。

沧溟先生

癸卯岁末于金陵水云居

水西论象

龍場

王守仁書

遺墨

陽明山人書

目　录

此心存 ｜王阳明"龙场悟道"的朋友圈

步 境

王阳明诗文里的"龙场悟道"之路

《贵州布政使司地理之图》载于明弘治年间（1500年左右）修纂的、贵州建省后第一部官修志书《贵州图经新志》。

钟鼓洞：
始信羊肠路亦平

钟鼓洞

见说水南多异迹，岩头时有鼓钟声。

空遗石壁千年在，未信金砂九转成。

远地星辰瞻北极，春山明月坐更深。

年来夷险还忘却，始信羊肠路亦平。

这是王阳明被贬到贵州龙场驿（今贵阳市修文县）当驿丞进入贵州境内所作的第一首诗，名字为《钟鼓洞》。

不少专家和学者认为，钟鼓洞应位于今贵州省铜仁市玉屏侗族自治县东边不远处，但其具体位置今天已无从可考。

玉屏县城位于潕阳河南岸，因潕阳河水清似玉、隔河山峰耸立如屏，故名玉屏。元为平溪等处蛮夷长官司，明洪武二十三年（1390），置平溪卫，属湖广都司；明万历二十九年（1601），平溪卫改隶贵州，仍隶属湖广。直到清雍正五年（1727），改平溪卫为玉屏县，属思州府。

贵州是典型的喀斯特地貌，山体溶洞在贵州十分常见，而且很多溶洞大得惊人，是中国最有代表性的"喀斯特之省"。比如，织金洞被评为"中国最美六大旅游洞穴"之首，中国最美的旅游胜地——"中国十大奇洞"之首，《中国国家地理》称其为"中国溶洞之王"；遵义绥阳双河溶洞经过中法洞穴专家三十年联合科考，截至目前，已探明双河溶洞群相连总长度超过两百公里，是"中国第一长洞"，也是"世界最长的白云岩洞穴""世界最大的天青石洞穴"。

即使在科学技术发达的今天，我们仍然会对那千奇百怪的溶洞充满着诸多神秘幻想，"山洞里面有没有住着神仙"，总想走进去一探究竟，更不要说古人看到这神秘神奇的溶洞了。圣人王阳明同样具有强烈的好奇心，更何况那时他还在"龙场悟道"呢！因此，当他看到玉屏这神奇的钟鼓洞后，自然会"特别记之以诗"。

"见说水南多异迹，岩头时有鼓钟声。空遗石壁千年在，未信金砂九转成。"这是诗作的首联和颔联，重点是盛赞钟鼓洞的神奇。"水南"指的是溠水之南，溠阳河是长江支流沅江的支流，发源于贵州省瓮安县长林乡，流经黄平、施秉、镇远、岑巩，在玉屏县出贵州境进入湖南，干流全长约二百五十八公里。"九转"是指多次的变换。

"远地星辰瞻北极，春山明月坐更深。年来夷险还忘却，始信羊肠路亦平。"这是诗作的颈联和尾联。王阳明在贵州这神奇的大山溶洞之前，深夜遥望明亮的北斗星，"正德皇帝啊，我王阳明虽然是一名远遭贬谪的臣子，但我始终没有忘记效忠君主"。在这样的思绪之中，王阳明认为，再难再险，即使九死一生，也无所畏惧，羊肠小道也会像坦途大道一样顺当。

王阳明的这首《钟鼓洞》历来得到诸多好评，鼓励人在逆境之中不能气馁，更不能自暴自弃，要坚定理想信念，要善于同艰难困苦和复杂局面做斗争，强大自己的内心，强健自己的体魄，做生活的强者。事实证明，王阳明在精神上战胜了自己，终成"龙场悟道"，成为一代圣人，"知行合一"风行天下。

玉屏：贵州入住第一站

平溪馆次王文济韵

山城寥落闭黄昏，灯火人家隔水村。

清世独便吾职易，穷途还赖此心存。

蛮烟瘴雾承相往，翠壁丹崖好共论。

畎亩投闲终有日，小臣何以答君恩。

　　这是王阳明进入贵州境内，在入住的第一站——玉屏，写下的一首诗作，诗名为《平溪馆次王文济韵》。

　　玉屏县是贵州东联"桥头堡"、湘黔交界"金三角"，素有"黔东门户"之称，当年王阳明进入贵州必须经过玉屏，也是因为其重要的地理位置。玉屏还是"中国箫笛之乡"，箫笛声声、潕水悠悠，山之魂、水之韵、人之情，共同构筑起了独具侗乡特色的玉屏文化。

话说王阳明离开钟鼓洞后，继续向西前行。此时天色已近黄昏，再不紧赶几步，怕是天黑前赶不到平溪卫公馆了。终于，在傍晚时分走在了平溪的街道上。此时此刻，平溪卫已是万家灯火，在灯光点点的映照之下，平溪民居寥落散布，溪水潋光闪耀，田畴阡陌迷蒙，城郭景致宜人。

平溪是今天潕阳河的一段，平溪卫就是现在的铜仁市玉屏县。明代在平溪的南岸，建立了一座兵站，当时大的兵站称为"卫"，小的兵站称为"所"或"哨"。平溪是一处大的兵站，所以称之为平溪卫。

需要提醒诸君的是，王阳明被贬谪到修文龙场，进入贵州境内住的第一个地方就是平溪卫。不过在当时，玉屏县还不隶属贵州，仍然归湘西管辖。当时贵州管辖的地方只到偏桥，也就是今天的黔东南州施秉县，距离东面的平溪卫还有一段很长的路程。

找到平溪卫公馆，王阳明刚一安顿下来，就有客人来访。其中，有一位名叫王文济，他是荆西（湖北西部）因故降职到贵州的官员，原任应该是知府，到贵州任少参。王阳明和王文济一见如故，惺惺相惜，一路相伴，直到贵阳方才分别。王阳明第二年来贵阳时，他们还在一起诗酒唱和。这也说明，他们之间一直有着交往，两人情投意合，无话不说，相互依赖。此种友谊难得矣。

同是天涯沦落人。在平溪卫的宴饮席间，王文济奉上一诗，表达思念故土之苦，并请王阳明指正。王阳明阅诗之后，遂步其韵赋就了《平溪馆次王文济韵》。

"山城寥落闭黄昏，灯火人家隔水村。"诗中王阳明通过对平溪卫城郭黄昏景色的描写，抒发了自己穷途境况下的开阔胸怀，同时劝慰王文济等要以积极用事的精神来面对世事人生，面对突然而来的各种磨难和打击。

"畎亩投闲终有日，小臣何以答君恩。"在平溪卫公馆的一个晚上，王阳明思考了很多，也给自己鼓了不少劲。面对茫茫前路，面对命运的不可捉摸，人总归是要有精神支撑，必须善于在逆境中不断提升自己的抗压能力，否则面对漫漫前路，怎能应对各种预料到或预料不到的风险呢？又如何能实现自己的人生理想和抱负呢？从这个角度来看，王阳明的心态是积极的，是敢于"直面惨淡的人生"的。因为，当他风尘仆仆、身心俱疲地赶到龙场驿时，那才叫惨淡，才叫无望。这是后话，待后面再——道来。

兴隆卫书壁

山城高下见楼台，野戍参差暮角催。

贵竹路从峰顶入，夜郎人自日边来。

莺花夹道惊春老，雉堞连云向晚开。

尺素屡题还屡掷，衡南那有雁飞回。

王阳明和王文济离开平溪后，继续前往目的地——龙场驿。

王阳明的前行路线，应该是沿着潕阳河逆行的。挥别平溪，经过镇远、偏桥，一路上或野径或官道，风餐露宿，终于走到了兴隆卫。镇远自不必说，就是今天的黔东南州镇远县，偏桥是黔东南州的施秉县，而兴隆卫就是今天黔东南州的黄平县。

这首历来被诗家所称道的《兴隆卫书壁》，就是王阳明在黄平期间所写的，其中"贵竹路从峰顶入，夜郎人自日边来"一句，更是让后来人感慨，解读的方式和内涵颇多。

黄平，因旧州土黄地平而名，历史悠久、文化厚重，素有"且兰古国都，云贵最秀地"之美誉。先秦时期，黄平属梁州。春秋战国时期，属牂牁国地和且兰国。秦代，属黔中郡。汉朝，元鼎六年（前111），平且兰置牂牁郡，黄平隶属之。唐朝，属充州新兴、韶明二县地。南宋宝祐六年（1258），筑黄平城，赐名镇远州，黄平之名始见于史。景定元年（1260）置黄平元帅府，隶播州。元朝至元二十八年（1291），置黄平府，属播州。明朝洪武七年（1374），置黄平安抚司，先后设所、设卫、设州沿袭至清末。民国三年（1914），废黄平州改为黄平县。

许多历史名人与黄平有着不解之缘，除了王阳明，还有林则徐、郭沫若等。

该诗诗名已经给读者明示，这是题写在墙壁上的作品。王阳明到达兴隆卫住下的当日，就在客栈的墙壁上留下了他的墨宝。我国古代文人都有在客舍和公共场

所题诗的习惯，而且还被传为美谈。有考证者认为，汉代书法家师宜官是可考的最早题壁者之一。《晋书》卷三十六："至灵帝好书，时多能者，而师宜官为最……因书其壁，顾观者以酬酒，讨钱足而灭之。"意思是师宜官用书法题壁来向观赏者讨钱喝酒，酒钱够了便将题壁拭去。汉代以后，题壁风气愈来愈盛行，许多著名诗人都好此道。如崔颢最有名的《黄鹤楼》就是题在黄鹤楼墙上的诗。诗仙李白到黄鹤楼后，写下"眼前有景道不得，崔颢题诗在上头"一句郁闷而去。

王阳明的这首题壁诗，纯正高雅，意味深沉，写出了贵州山高路陡、峭壁千仞、奇峰插天又节候较晚的特点，读来颇觉世事人事之苍凉，但却不给人沉闷抑郁之感。细细品味诗作，给人一种苍凉下的豁达与乐观，即使有再多的苦难都不能阻挡前进的脚步、绝不向困难低头、"越是艰险越向前"的精神。

接下来要说一说黄平的飞云崖月潭寺公馆了。

王阳明到了兴隆卫的第二天，便住进了月潭寺。月潭寺是王阳明到之前才重修的。这是当时的贵州按察副使朱文瑞为方便公私过客，才在当地重修了寺庙，兴建了供人食宿的公馆。据浙江大学教授何善蒙解读，由于当地军屯都来自中原，有感情上的互通，且王阳明的文采名声极盛，朱文瑞便邀请他撰写此文。而王阳明在获知修建公馆主要是为了满足附近官兵及少数民族居民信仰需求，并为过往民众提供食宿方便，可谓"民心"工程后，便欣然应允。

王阳明的这篇文章写景叙事，文采斐然，将月潭峰的景色写得栩栩如生、引人入胜。同时还对寺庙由来、重建始末、参与重建者以及重建意义都作了说明。他认为朱文瑞顺应百姓之情，为百姓着想重建月潭寺和公馆，有利于当地百姓遵守礼仪，有化成世风之功。

王阳明在兴隆卫留下的这一诗一文被传为美谈，丰富了黄平历史文化，也充分彰显了阳明文化在贵州所产生的深远影响。

附

重修月潭寺建公馆记

王阳明

隆兴之南有岩曰月潭，壁立千仞，檐垂数百尺。其上颒洞玲珑，浮者若云霞，亘者若虹霓，谽若楼殿门阙，悬若鼓钟编磬。檐幢缨络，若抟风之鹏，翻集翔鹄。蝘虺之纠蟠，猱狼之骇攫。谲奇变幻，不可具状。而其下澄潭邃谷，不测之洞，环秘回伏，乔林秀木，垂荫蔽亏，鸣瀑清溪，停洄引映，天下之山，萃于云、贵，连亘万里，际天无垠。行旅之往来，日攀缘下上于穷崖绝壑之间。虽雅有泉石之癖者，一入云、贵之途，莫不困踣烦厌，非复夙好。而惟至于兹岩之下，则又洒然开豁，心洗目醒。虽庸侪俗侣，素不知有山水之游者，亦皆徘徊顾盼，相与延恋而不忍去。则兹岩之盛，盖不言可知矣。

岩界兴隆、偏桥之间各数十里，行者至是，皆惫顿饥悴，宜有休息之所。而岩麓故有寺，附岩之戍卒官吏与凡苗莠夷犵狫之种连属而居者，岁时令节，皆于是焉厘祝。寺渐芜废，行礼无所。宪副滇南朱君文瑞按部至是，乐兹岩之胜，悯行旅之艰，而从士民之请也。乃捐资庀财，新其寺于岩之右，以为厘祝之所。曰："吾闻为民者，顺其心而趋之善。今苗夷之人，知有尊君亲上之礼，而憾于弗伸也。吾从而利道之，不亦可乎？"则又因寺之故材与址，架楼三楹，以为部使者休食之馆。曰："吾闻为政者，因势之所便而成之，故事适而民逸。今旅无所舍，而使者之出，师行百里，饥不得食，劳不得息。吾图其可久而两利之，不亦可乎？"使游僧正观任其劳，指挥遂远度其工，千户某某相其役。远近之施舍勤助者欣然而集，不两月而工告毕。

自是饥者有所炊，劳者有所休，游观者有所舍，厘祝者有所瞻依，以为竭虔效诚之地。而兹岩之奇若增而益胜也。

正观将记其事于石，适予过而请焉。予惟君子之政，不必专于法，要在宜于人。君子之教，不必泥于古，要在入于善。是举也，盖得之矣。况当法网严密之时，众方喘息忧危，动虞牵触。而乃能从容于山水泉石之好，行其心之所不愧者，而无求免于俗焉，斯其非见外之轻而中有定者，能若是乎？是诚不可以不志也矣。

寺始于戍卒周斋公，成于游僧德彬，增治于指挥刘瑄、常智、李胜及其属王威、韩俭之徒，至是凡三缉。而公馆之建，则自今日始。

凯里：
故园日与青春远

清平卫即事

积雨山途喜乍晴，暖云浮动水花明。

故园日与青春远，敝缊凉思白苎轻。

烟际卉衣窥绝栈，峰头戍角隐孤城。

华夷节制严冠履，漫说殊方列省卿。

　　这是王阳明路过清平卫的时候，即兴写下的一首诗作——《清平卫即事》。通过这首诗，我们可以发现王阳明善于观察和总结的过人之处。

　　清平卫置于明洪武二十三年（1390），是苗族、侗族的聚居中心。清平卫，就是今天黔东南州的凯里市炉山镇。王阳明的贵州之行有大半是在黔东南州的大地上行走，因此他"动"中的不少诗作是在黔东南境内写下的。

话说王阳明离开兴隆卫后，经过重安江，上清平卫。春天时节，雨后初晴，他忘却跋涉的劳顿，也暂时忘记了自己的贬谪之身。在"乍晴"和"水花明"的喜悦之中，对清平卫进行了考察。

贵州的春天阴雨绵绵，细雨下个一两周都是常事，长时间阴雨突然天光放晴，那种喜悦之情真是难以言表。20世纪90年代初，笔者初到贵阳刚入军营，每天训练得疲惫不堪。晚上听得雨声渐大，便以为第二天就可不训练或者晚一点训练。谁知第二天大雨转成了毛毛雨。时间一长终于知道贵阳为什么叫作"贵"阳了。一遇到天"乍晴"，心情超爽，大伙晒被子、洗衣服。军营大欢乐。现在，试想王阳明向西而行，一路阴雨天，遇到这样的天气能不高兴吗？

清平卫是明洪武二十三年（1390）设置的军屯治所，属贵州都司，到清康熙十一年（1672）废置，清雍正十年（1732）设立凯里卫，是"清平卫"的延续和发展。

王阳明考察了清平卫之后，还对当地苗族、侗族等少数民族的生活状况进行了考察。此时此刻，王阳明想起渐行渐远的故乡，想起故乡的人和事，"故园日与青春远，敝缊凉思白苎轻"。然而，当地土著居民没有给他

《清平卫地理图》，载于约万历三十六年（1608）刊刻的《黔记》

留下好印象，甚至可以说很不好。因为当时王阳明正遇到当地土著居民内部的仇杀，以至于清平卫也不得不有所戒备。诗作中提到的"窥绝栈"，是互相仇杀的一方，"峰头戍角"应该是清平卫的守护者。虽然仇杀者不是针对守护者的，但毕竟不利于地方治安。在官家的眼皮子底下打打杀杀，也是一种狂悖的举动。王阳明虽然是贬谪官员，但毕竟深受儒学熏陶，加之又是大明官场的高官被贬谪而来，他站在官方角度看，这种行为和现象是绝对不能允许的，更是不能放任不管的。所以他又在诗作中表达自己的观点，不要说这个地方（贵州）已经列入了行省，其仍是要严加管束的。

王阳明对当地土著居民的这些考察和所思所想，可谓慧眼洞察秋毫，更是"大爱无疆""位卑未敢忘忧国"，不论何种情况下，都密切关注地方安危。为此，他到修文龙场的第二年，在寄给宣慰使安贵荣的信函中，还专门提到凯黎（今凯里），语重心长、谆谆教诲，让安荣贵在平叛得胜之后，一解因轻微奖励而"怏怏不乐"之心境，从此更加敬重王阳明，并使安氏获得后世极大之荣耀。

更让人惊奇的是，王阳明离开几十年后，清平卫又出现一位明代著名的思想家孙应鳌（1527—1586）。他既是明代著名的朝廷大臣、学者、教育家，同时也是明代贵州教育的先驱，是明代贵州名声最大的"王学"传人之一。两人隔代交相辉映、相得益彰，是凯里重要的人文亮点。孙应鳌还是一位伟大的诗人，《黔诗纪略》收录他的诗作四百五十七首，编为四卷，称誉他是"贵州开省以来人物冠"。他的《学孔精舍诗钞》是流传至今贵州最早的一部诗集。

远去的清平卫，今天的凯里市，有着"苗岭明珠"和"百节之乡"之美誉，全年节日多达一百三十五个，是典型的民族风情生态旅游区。这里平均每十平方公里就有一个民族节日集会点，居全国之首，主要的民族节日有苗年节、鼓藏节、芦笙节、斗牛节、吃新节、爬坡节等。

七盘：黔道更比蜀道难

七盘

鸟道萦纡下七盘，古藤苍木峡声寒。

境多奇绝非吾土，时可淹留是谪官。

犹记边峰传羽檄，近闻苗俗化衣冠。

投簪实有居夷志，垂白难承菽水欢。

王阳明离开凯里，经过福泉的七盘岭，看到贵州更为奇绝的风光，在深感"黔道难，黔道更比蜀道难，黔道难于上青天"之后，写下了这首诗作——《七盘》。

默读王阳明这首诗作，我总在想这么一个问题，福泉除了因为是当时的交通要道之外，引得后人一再歌唱的到底是什么？为什么？比如明代大旅行家徐霞客在这里驻足数日；《三国演义》开篇"滚滚长江东逝水"一词的作者、明代著名诗人杨慎为七盘作《七盘劳歌》，而且是一盘一诗；清代名臣林则徐在此留下著名诗篇《葛镜桥题壁诗》。

这其中必定有一个关键词在起着潜移默化的作用，这个关键词应该非王阳明莫属。这些都是在他之后发生的。

福泉，古称平越，元代元世祖至元二十一年（1284），首置平月长官司，隶属管番民总管府，当时的"平月"即以城南有名的月山而得名。直到明洪武八年（1375），改平月长官司为平越安抚司，隶属播州宣慰司，"平越"之名由此开始使用。后来几经变迁，平越之名一直是福泉的大名。到了1953年7月，平越才正式更名为福泉县，这一地名是根据县城名胜福泉山并有"福泉"而得名，1996年12月福泉撤县设市，隶属黔南州。

对于福泉来说，"七盘"这个地方，一度颇有"淹没了黄尘古道"之感，甚至不知道福泉竟有"七盘"之地。《明一统志》说七盘坡在今贵州福泉东南五里，"高峻崎岖，盘回七里，坡下有溪"。为此，有人专门在今天的福泉市地名中查找，但很难找到"七盘"或者"七盘岭""七盘坡"这样的地方。不过，从王阳明行走的路线来分析，专家们确认，七盘即七盘岭，紧挨着福泉市的著名景区——洒金谷。

近些年来，随着阳明心学的兴盛，王阳明的行程足迹和点点滴滴才被不断地发现和传播。就以七盘岭来说，七盘岭是古平越的著名去处，就像现在的黄果树大瀑布一样，是一个非常有名的旅游景点。七盘岭山势雄奇，险道盘曲，为过往行人所惊叹。王阳明在诗里感叹，"七盘岭"的"境多奇绝"，鸟道萦绕下七盘，古藤老树峡声寒。他一生酷爱山水，出生于江南，年轻时远走北国，大江南北塞外大漠都留下过他游历的足迹。同时，王阳明又具有深厚的文化修养，因此他对"七盘岭"的评价自然不同于一般人。这也说明景点评价对象不同所产生的效果和带来的影响会有天壤之别。比如王勃之于滕王阁，崔颢、李白之于黄鹤楼，范仲淹之于岳阳楼等等，不胜枚举，都是因为历史文化名人的到来或者一篇美文而成就这些景点的辉煌。

王阳明在诗中惊叹之余，竟生发出"居夷志"，想在贵州长久住下来的想法，由此可见七盘岭的"奇绝"对王阳明的吸引力之大。这里我们可以从杨慎的《七盘劳歌》里感受一番，杨慎是明代著名诗人、文学家，明代三才子之首，东阁大学士杨廷和之子，也是我国四大名著之一《三国演义》开篇词"滚滚长江东逝水，浪花淘尽英雄"的作者。《七盘劳歌》是杨慎经过古平越时作的，诗里是这样描写七盘的：一盘溪谷低、二盘行渐难、三盘云雾堆、四盘连翠微、五盘势更高、六盘穷攀缘、七盘险栈平。囿于篇幅所限，我把《七盘劳歌》附在本文后面，有兴趣的读者可以细细研看。

当年徐霞客经过这里时，看到七盘下面的碑文上写有"文官至此下轿，武官至此下马"字句，心想自己不文不武，下不下轿呢？然而面对旋转崎岖的七盘坡，徐霞客还是不得不下轿而行。后来，徐霞客好友黄道周的妻子蔡玉卿在看《徐霞客游记》手稿时，写下这样的诗句："高风直继张三丰，一杖飘然访赤松。快把奇书游记读，顿如甘露豁心胸。"

诗句中提到的张三丰更是和福泉有着很深的渊源。在王阳明之前，武当派开山鼻祖张三丰在此悟得成仙之道。传说中故事是这样的，明洪武二十二年（1389）张三丰为躲避朱元璋的征召，离开武当山后云游四川、云南。洪武二十五年（1392），张三丰从云南返回武当，次年路经平越时，他登高望远，见福泉山山形奇绝，地貌犹如一幅天然的太极图，心中大喜并当即决定，就在福泉山寓居并修行悟道。八年后，张三丰在高真观悟道成仙。也因此，张三丰在福泉留下了上百个神话传说和遗迹，民间称他"武当山得道，福泉山成仙"。编修于明朝弘治年间的《贵州图经新志》和编纂于明万历年间的《贵州通志》都记载有张三丰于洪武间寓于平越卫"高真观"的内容。

过了七盘坡后，王阳明自此一路向北，进福泉、过贵定、经龙里、入贵阳，最后到达目的地——修文龙场。

附

七盘劳歌

杨慎

一盘溪谷低，仰首愁攀跻。

蚕崖白云上，鸟道金天西。

二盘行渐难，谷口野风寒。

石磴愁旋马，行人各解鞍。

三盘云雾堆，侧径转迂回。

前旌正延伫，骏骑莫相催。

四盘连翠微，峰日隐晴辉。

石齿啮人足，树枝罥人衣。

五盘势更高，俯见栖鸟巢。

岩峦暂相倚，人马同时劳。
六盘穷攀缘，真似上青天。
下瞰巳峻绝，上望更巍然。
七盘险栈平，眺望倚分明。
西征通蜀道，北望指秦城。

葛镜桥题壁诗

两岸绝险江鼍多，一路疯狂啮山脚。
何人架桥黔州惠，褚书公名永磨。

龙场：尴尬的困境和洒脱的心境

初至龙场无所止结草庵居之

草庵不及肩，旅倦体方适。

开棘自成篱，土阶漫无级。

迎风亦萧疏，漏雨易补缉。

灵濑响朝湍，深林凝暮色。

群獠环聚讯，语庞意颇质。

鹿豕且同游，兹类犹人属。

污樽映瓦豆，尽醉不知夕。

缅怀黄唐化，略称茅茨迹。

明正德三年（1508）春天，王阳明和三名仆人一路跋山涉水，迎来日出，送走晚霞，两肩霜华，艰辛备尝。如同唐僧师徒四人，历经千辛万苦，再苦再难到了西天总能取到真经一样。我想王阳明他们一行的心中所想也应如此吧，他们也满心欢喜地认为，到了龙场驿一切都会好好的。

理想很丰满，现实很骨感。

到了龙场驿他们四人双双绝望，这哪是国家正规编制的驿站啊！不要说吃上一顿饱饭，就连个落脚的住处也没有。

王阳明贬谪到龙场驿是做驿丞，驿站是管理公职人员旅途食宿和有关公务的落脚地。条件再差再艰苦，也不至于连新到任的驿丞都没有住处吧，然而现实就是这样。最后，连当地的乡民都看不下去，大家七手八脚、紧赶慢赶给王阳明他们搭建了一个"草庵"，其实就是一个窝棚而已。

为什么会出现这样的情况呢？说来话长。实际上这是由于当时的贵州宣慰使安贵荣从中作梗所致。当时，安贵荣正在与省里暗中较劲，他认为他所辖境内的驿站都如同官家安插的钉子，对他监视和防范。对此，他恨不得把这些驿站全部拔掉。而最碍眼的就是这个龙场驿，因此造成这一驿站长期废弛，无人打整，处于空置状态。恰恰在这个节骨眼上，朝廷硬将一个人强塞下来，指定到龙场驿当驿丞。况且来人是一个无足轻重的贬官，省里于是把他推下去，并不做仔细的安顿。管理权属于省里，但供应却在地方，安贵荣只想早点拔掉这个驿站，更不要提他会给新驿丞主动提供保障了，你王阳明有没有栖身之处关我安贵荣何事。

于是，尴尬的困境就落到了王阳明的身上。

草庵建成了，王阳明内心充满了愉悦，毕竟有了个落脚的地方。《初至龙场无所止结草庵居之》这首诗就是描写他欣喜之情的作品。

全诗可分为两个部分，前八句为一部分，后八句为一部分。前一部分是写草庵的惬意，对草庵周围环境之美的描述，其乐观态度跃然纸上。后一部分是写龙场人情之美，当地人憨厚热情，民风淳朴。

精神的力量是能够战胜一切的。面对厄运，自我调适，坚强应对，战胜自己，战胜客观。要知道，这世上没有任何人的成长、成才、成功是一帆风顺的，总是要经受一些艰难困苦和磨砺磨炼的。对于这一点，王阳明是早有预见并做好了充分的思想准备的，所以，他才能在面对困境之时，还能将这首诗写得这么生动活泼。

对此，我们是不是可以这样说，这首诗或许就是阳

明心学发轫之作呢？这个时候的王阳明，虽然还没有悟出"心即理""知行合一"，但在现实生活中他已经开始了具体的"行"矣！

王阳明的这个草庵具体在哪个位置呢？专家考证认为，结合王阳明的其他文章，比如《玩易窝记》等，大致能够找到草庵的位置，因为龙场的玩易窝还在。王阳明在龙场有过三个住所，一是草庵、二是阳明洞、三是何陋轩，阳明洞与何陋轩其实是一个地方，因此可以判断玩易窝近处的住所就一定是草庵了。

有专家建议，可以参照成都"杜甫草堂"的做法，也在玩易窝附近修建一处"阳明草庵"，把二者合为一体，并把《初至龙场无所止结草庵居之》这首诗镌刻在"阳明草庵"所在之处，使其成为人们瞻仰阳明先生的一处圣地。窃以为，这个建议甚好。

玩易窝：中国第一哲理山洞

玩易窝记（选摘）

其得而玩之也，优然其休焉，

充然其喜焉，油然其春生焉。

中华文化源远流长，波澜壮阔。在这期间，有一个颇为奇特的存在——"山洞"。如若不信，试举几例，孔夫子降生山洞，成为儒家鼻祖，该洞被尊为"夫子洞"；屈原山洞苦读，成为爱国主义诗人，该洞被尊为"读书洞"；陶渊明由山洞"发现"桃花源，名篇《桃花源记》横空出世。其实，说来也不奇特，人类本来就是从山洞里走出来的，山洞是人类最初的栖息地。

历史的车轮滚滚向前，到明正德三年（1508），人类思想史再次与山洞产生紧密关联。一代大儒、阳明心学创立者王阳明因敢于仗义执言而得罪大太监刘瑾团伙，被贬谪到当时的蛮荒瘴疠之地——贵州任龙场驿。备尝艰苦的王阳明来到龙场后，心更荒凉。所谓龙场驿，只有其名，而无其实，半砖片瓦不见，栖息果腹更难。无奈之中，王阳明只有先找躲雨避寒之处，于是"玩易窝"就成为他到龙场后的住处。当然，那个时候还不叫玩易窝，就是一个普普通通的小山洞而已。

寂寂无闻的小山洞化身为声名远播的玩易窝，是从王阳明居住并命名开始的。

玩易窝，一个天然地下溶洞，高三米、最宽处四米、深三十余米，位于贵阳市修文县龙场镇新春村，距修文县城约一公里，在吴家湾与毛栗园之间的小孤山下。洞顶有石刻"阳明小洞"，并镌有明隆庆年间贵州宣慰使安国亨手书的"玩易窝"三字，旁有 1948 年贵阳市首任市长何辑五手书的"阳明玩易窝"石碑，以及阳明《玩易窝记》的刻石。1985 年，玩易窝被列为修文县级文物保护单位，1996 年后被列为贵阳市级文物保护单位、贵州省级文物保护单位，2006 年被列为全国重点文物保护单位，2018 年 10 月启动建设玩易窝遗址公园，目前已建成投用。

　　王阳明在这样一个小山洞里度过了初到龙场的艰难时光，他在洞中静坐，诵读《周易》，因此给洞取名为"玩易窝"，并作《玩易窝记》，"龙场悟道"就在此洞中产生。对于研究王阳明与阳明心学来说，玩易窝具有独一无二、无可取代的价值，也因此，这个小山洞被称为"中国第一哲理山洞"。

　　在被贬谪龙场之前，王阳明曾在锦衣卫诏狱中"读易"，当时读易是为了获得一种面对生死甚至超越生死的力量。本以为到了龙场，条件会比锦衣卫的诏狱稍好一些，哪知蛮荒之龙场一如牢狱。此时此刻，此境此况，王阳明不得不又一次想起"易"，只不过由过去的"读"，变成了当下的"玩"。在锦衣卫诏狱中，他写过一首诗《读易》："囚居亦何事？省愆惧安饱。瞑坐玩羲《易》，洗心见微奥。乃知先天翁，画画有至教。包蒙戒为寇，童牿事宜早。蹇蹇匪为节，虩虩未违道。《遯》四获我心，《蛊》上庸自保。俯仰天地间，触目俱浩浩。箪瓢有余乐，此意良匪矫。幽哉阳明麓，可以忘吾老。"打坐在小山洞里面，王阳明不禁感慨万千。面对困厄，必须回到内心，方能心外无物。随后他把这个逼仄、阴潮的小山洞更名为"玩易窝"，并写下了著名的《玩易窝记》。

《玩易窝记》是王阳明龙场悟道的重要文章，集中体现了王阳明由《易》悟道的过程。文章叙述了他研读《易》的三个阶段："仰而思焉，俯而疑焉"，这是茫然不解阶段；"沛兮其若决，联兮其若彻，菹淤出焉，精华入焉"，这是有所开悟、心情愉悦阶段；"优然其休焉，充然其喜焉，油然其春生焉"，这是反复涵泳玩索、得《易》之主旨阶段。由此，王阳明从"玩易"反观人生，了悟苦难不过为外在之物，不足乱心，从而达到了"精粗一，外内翕，视险若夷，而不知其夷之为厄也"的境界。

后来，在阳明洞，王阳明刻苦研习五经，并将研习成果汇编成《五经臆说》，可惜的是该书后被烧毁，仅存钱德洪整理的十二条。明正德十年（1515）王阳明在《朱子晚年定论序》中提到自己龙场悟道一事："其后谪官龙场，居夷处困，动心忍性之余，恍若有悟。体验探求，再更寒暑。证诸《五经》《四子》，沛然若决江河而放诸海也。"

观象玩辞，三才之体立矣；观变玩占，三才之用行矣。体立故存而神，用行故动而化。"体"立"用"才能行，"用"行"体"方可显，这就是王阳明所悟"体立而用行"之道。

附

玩易窝记

王阳明

阳明子之居夷也，穴山麓之窝而读《易》其间。始其未得也，仰而思焉，俯而疑焉，函六合，入无微，茫乎其无所指，孑乎其若株。其或得之也，沛兮其若决，联兮其若彻，茫淤出焉，精华入焉，若有相者，而莫知其所以然。其得而玩之也，优然其休焉，充然其喜焉，油然其春生焉。精粗一，外内翕，视险若夷，而不知其夷之为厄也。

于是阳明子抚几而叹曰："嗟乎，此古之君子所以甘因奴，忘拘幽，而不知其老之将至也夫。吾知所以终吾身矣。"名其窝曰"玩易"，而为之说。曰：夫《易》，三才之道备焉，古之君子，居则观其象而玩其辞，动则观共变而玩其占。观象玩辞，三才之体立矣；观变玩占，三才之用行矣。体立故存而神，用行故动而化。神故知周万物而无方，化故范围天地而无迹。无方则象辞基焉，无迹则变占生焉。是故君子洗心而退藏于密，斋戒以神明其德也。盖昔者夫子尝韦编三绝焉。呜呼，假我数十年以学《易》，其亦可以无大过已夫。

东洞：
『心学圣地　王学之源』

始得东洞遂改为阳明小洞天三首

其一

古洞闷荒僻，虚设疑相待。

披莱历风磴，移居快幽垲。

营炊就岩窦，放榻依石垒。

穹窒旋薰塞，夷坎仍洒扫。

卷帙漫堆列，樽壶动光彩。

夷居信何陋，恬淡意方在。

岂不桑梓怀，素位聊无悔。

其二

僮仆自相语，洞居颇不恶。
人力免结构，天巧谢雕凿。
清泉傍厨落，翠雾还成幕。
我辈日嬉偃，主人自愉乐。
虽无榮戟荣，且远尘嚣聒。
但恐霜雪凝，云深衣絮薄。

其三

我闻莞尔笑，周虑愧尔言。
上古处巢窟，抔饮皆污樽。
洼极阳内伏，石穴多冬暄。
豹隐文始泽，龙蛰身乃存。
岂无数尺椽，轻裘吾不温。
邈矣箪瓢子，此心期与论。

住在龙冈草庵的日子里，王阳明颇有悠然自得之感，闲暇时看书写字作文，与同来的仆人聊天拉家常，和当地居民一块喝酒饮茶侃大山，即使语言不通，但彼此也能会心会意，相视一笑，一切全在酒中。

面对艰苦的生活条件，王阳明认为，这就如同黄帝和尧所处的太古时代，"缅怀黄唐化，略称茅茨迹"。即使自己身处逆境，也要像远古的圣人那样，随遇而安不言苦，黄连树下犹能弹琴，苦中作乐乐常在。

随着在龙冈活动范围的扩大，这天王阳明突然发现一处比草庵更好的地方，是一个能容纳上百人的石洞，而且是天然形成的，这个地方就是后来为大家所熟知的阳明洞。但那个时候还不叫阳明洞，而是叫作东洞。东洞的位置虽然偏僻，但王阳明为这一发现非常高兴，认为这是上天对自己的眷顾，专门为他预留的住处。随后，他便把住处搬到了东洞，并将自己在老家居住的洞的名字"阳明洞天"也用在这里，将东洞名字改为"阳明小洞天"。

洞中生活的自由度是草庵不可比的，在这里床铺紧挨山岩，厨房就在洞口，书籍随意堆放……真是自由自在啊！

我们常说"愤怒出诗人"，其实心情愉悦也是出诗人的。王阳明兴奋之余，便写下了这三首诗。

第一首描绘了石洞环境，侧面记叙了谪居的艰难境况，表明了自己面对艰苦生活所持的乐观态度和修行精神。"卷帙漫堆列，樽壶动光彩"，他万里之遥带来的精神食粮可以随意堆放，就连那酒壶也焕发出了格外的光彩。有书有酒又有诗，不亦快哉！

第二首以童仆的口吻叙述了在石洞居住的优点和缺点。根据《阳明先生行状》和《皇明大儒王阳明先生出身靖乱录》记载，当时跟随王阳明前往龙场驿的家仆共有三人。王阳明决定搬到东洞去住的时候，他们都非常欣喜，"僮仆自相语，洞居颇不恶"。

第三首表现了王阳明不畏箪食瓢饮的豁达胸怀。王阳明的心态是积极的，上天给他什么，他就享受什么，把生活当作磨炼自己的工具，在生活中修行。

在阳明小洞天居住期间，王阳明著名的"知行合一"等重要思想，以及他的一些脍炙人口的散文名篇都是在这里完成的。王阳明为了回报当地民众对他的关照，也是为了教化当地民众，他在洞内开始招收当地的学生传授文化，受到当地民众的喜爱。

阳明小洞天，现在称之为阳明洞，位于贵阳市修文县城东的栖霞山上。大家现在去看，在洞的左面石梯两边都耸立着两棵枝叶繁茂的参天古柏，名"文成柏"。相传这是王阳明亲手种植的，距今已有五百多年历史。

阳明洞洞口有几十处石刻，最早的可追溯到明朝万历年间，明万历十七年（1589）三月贵州宣慰使安国亨题刻"阳明先生遗爱处"七个大字和御史冯晋卿所立碑石。抗战期间，张学良被软禁在此，留下了"龙场愿学王阳明，权把贵州作荆州"的人生感悟。

值得一说的是，贵阳市修文县以阳明文化为主题，以"心学圣地，王学之源"为定位，修建了中国阳明文化园。文化园由阳明洞遗迹景区、龙场驿站综合区、梦回顾里风情小镇、养心度假区等部分组成，有王阳明所建的龙冈书院、何陋轩、君子亭、宾阳堂和后人为纪念他而建的王文成公祠等建筑，是展现阳明心学的精神风貌与历史价值的最佳之地。

研究阳明心学，不能不到贵州，不能不到修文，不能不到阳明洞。此言极是。

南山：
看王阳明如何解决吃饭问题

谪居粮绝请学于农将田南山咏言寄怀

谪居屡在陈，从者有愠见。

山荒聊可田，钱镈还易办。

夷俗多火耕，仿习亦颇便。

及兹春未深，数亩犹足佃。

岂徒实口腹，且以理荒宴。

遗穗及鸟雀，贫寡发余羡。

出来在明晨，山寒易霜霰。

观　稼

下田既宜稌，高田亦宜稷。

种蔬须土疏，种蓣须土湿。

寒多不实秀，暑多有螟螣。

去草不厌频，耘禾不厌密。

物理既可玩，化机还默识。

即是参赞功，毋为轻稼穑。

采 蕨

采蕨西山下，扳援陟崔嵬。

游子望乡国，泪下心如摧。

浮云塞长空，颓阳不可回。

南归断舟楫，北望多风埃。

已矣供子职，勿更贻亲哀。

1919年7月14日，《湘江评论》在长沙创刊，毛泽东在创刊宣言中指出："世界什么问题最大？吃饭问题最大。什么力量最强？民众联合的力量最强。"不论是富人还是穷人，不论是过去、现在还是将来，"吃饭问题"始终是最大的问题。王阳明来到贵阳修文龙场，在栖身之处暂时得到解决之后，剩下的就是解决吃饭的问题。

下面，我想围绕王阳明在龙场所作的几首关于"吃饭问题"的诗作，给诸君作一些个人解读。为了便于大家有一个直观印象，我先把这几首诗集中列出来讨论。民以食为天。面对缺粮少吃的困境，王阳明总归要想办法解决。正如第一首诗的题目所示，谪居粮绝，请学于农，将田南山，这三层已经清楚明了地给我们说明了他目前的困境——粮绝；怎么办——请学于农，向当地的农民学习；如何做——将田南山，到南山上去开垦田地种庄稼。

在这里南山的具体位置已经不是重要的话题了，如果非要说一说，我想应该就在阳明洞附近，那儿人烟稀少，荒田荒地多的是，离住的地方也近，万一下起大雨回家也十分方便。

王阳明被贬谪到贵州修文龙场驿当驿丞，从体制层面看，在粮食供给上还是有一些保障的。"谪居屡在陈，从者有愠见。"这句已经给我们做了交代，意思是贬谪生活经常断粮断炊，跟随的仆人都把不高兴写在了脸上。当年孔子周游列国，在陈国绝粮，王阳明用孔子的这个典故，也是绝粮的意思。"屡在陈"，是经常出现绝粮之意。屡次绝粮说明当时地方上对他是有供给的，只是经常不继。说到原因，还是水西宣慰使安贵荣一直想把这些他认为的钉子驿站拔掉，现在不但不能拔掉，反而又来了个新的驿丞，所以不但住处不想管，就是供给粮食也是想起来就给些，想不起来就拉倒。

如何应对这样的供给情况？王阳明不能不做最坏的打算，不能不未雨绸缪，于是就想出了向当地农民学习开荒种田自给自足的办法。

庄稼种上之后不久，王阳明看到自己亲手种植的庄稼发出了新芽，喜不自胜之余，就写下了第二首诗《观稼》。王阳明从自身"观稼"和对农作物规律的认识，进一步强调了对农业生产的重视，告诫国家管理者和辅佐者不要轻视种庄稼这样的"小事"，这也是王阳明"知行合一"思想的生动体现。

庄稼还没有收成的时候，王阳明还得上山采摘蕨菜。在哪儿采摘蕨菜？《采蕨》一诗的第一句就明确点出，"采蕨西山下"。西山应该就是现在阳明洞所在地的西边之山。在这首诗里，王阳明"扳援"西山采蕨有感而发，想到了"遥知兄弟登高处，遍插茱萸少一人"这句诗，想到了家中思念他的亲人，由此乡思落泪，也激励自己一定要支撑过去，坚决不能垮掉，不能再给亲人增添哀伤。

其实，人生就是这样，是一个不断激励自己坚强和善于放下的过程。当你感到快要支撑不下去的时候，再强迫自己一下，一切也就云淡风轻了；当你感到快要崩溃的时刻，往往也是锤炼自己强大毅力的时候。我们要知道，没有过不去的坎，没有爬不过的坡，一个人内心的强大才是真正的强大，一切都要靠自己的双手去创造。

看吧，没有住处王阳明想办法解决了，没有吃的王阳明想办法也解决了，而且还时不时上山采摘野菜，柴火更是小问题，山上可《采薪》，采薪的过程中还有意外收获，能采摘些板栗充饥。

现在阳明洞已经成为一处著名旅游景点，其附近也是热闹非凡，人流如织。然而，谁又真正静下心来思考王阳明当时的厄运与困境呢？谁又能真正理解成功背后的艰辛与付出呢？

绝境中生存下来的，都是生活的强者。

附

采薪二首

王阳明

其一

朝采山上荆，暮采谷中栗。

深谷多凄风，霜露沾衣湿。

采薪勿辞辛，昨来断薪拾。

晚归阴壑底，抱瓮还自汲。

薪水良独劳，不愧吾食力。

其二

倚担青岩际，历斧崖下石。

持斧起环顾，长松百余尺。

徘徊不忍挥，俯略涧边棘。

同行笑吾馁，尔斧安用历？

快意岂不能？物材各有适。

可以相天子，众稚讵足识。

小溪·

溪水『照我白发生』

溪　水

溪石何落落，溪水何泠泠。

坐石弄溪水，欣然濯我缨。

溪水清见底，照我白发生。

年华若流水，一去无回停。

悠悠百年内，吾道终何成。

写这首诗的时候，王阳明对龙场驿周围的环境已基本熟悉了。他在龙场驿附近转悠时，突然看到这么一条小溪，溪水清澈见底，在欢快流淌。于是便坐在小溪旁边的一块石头上，面对溪水发呆几许，念想几许，感慨几许。

从王阳明当时的活动范围来看，这条小溪应该就是阳明洞附近的一条溪流，具体是哪一条？在哪里？从哪里来又流向哪里？这些都已经不重要了，重要的是王阳明在这里有所思有所想，更有所悟。有兴趣的朋友也可以到阳明洞附近去转悠，看能否找到当年那条小溪，也坐一坐当年王阳明坐过的那块石头。

看到这清澈见底的溪水，王阳明的心情十分愉悦，准备干脆把头巾解下来放在水中洗涤。然而，正当他弯腰准备洗涤的时候，溪水的倒影映照出了他头上新添的白发。本来愉悦的心情，在这一瞬间又变得悲凉起来，引来了他内心深深的感叹，"年华若流水，一去无回停"。

百年哪得更百年，今日还须爱今日。这一刻，我想，王阳明肯定想到了孔子，想到了孔子的那句话："逝者如斯夫！不舍昼夜。"当年孔子站在河边，望着"不舍昼夜"而"逝"的河水，他感慨万千，想到日月运行，昼夜更始，花开花落，四时变迁，自然万物如此，人之一生也是一样，由少而壮，由壮而老，每过一日，即去一日，每过一岁，即去一岁。

王阳明此时此刻的心境是不是和孔子一样呢？

"悠悠百年内，吾道终何成。"这个时候的王阳明想到的是在人生百年之内，心学能够悟得成吗？岁月不能像流水一样白白流走，一定要抓住宝贵时光，潜心钻研，以期实现自己在学术上事业上的宏大愿想。王阳明成为心学的开创者，一代圣人，被后世所瞻仰，大概与他在这小溪边的思索有着很大关系。抓住时间，珍惜时间，用好时间，这是我们每一个人都必须做到的。

说到白发，我想起前几日看闲书看到的几则故事，颇有意思。

康熙皇帝晚年头发白了，大臣们拍马屁，弄了些中药丸子进贡，让康熙皇帝吃。看到这些中药丸子，康熙的回答被载入史册："古来白须皇帝有几，朕若须须皓然，岂不为万世之美谈乎！"我们都说康熙是一个伟大的皇帝，从这等小事就可以看出一二。

大才子钱谦益，喜欢美女柳如是，也喜欢她那一头乌发。清代作家王应奎的笔记《柳南随笔》中，就记录了一段趣答："某宗伯既娶柳夫人，特筑一精舍居之，而颜之曰'我闻室'，以柳字如是，取《金刚经》'如是我闻'之义也。一日，坐室中，目注如是，如是问曰：'公胡我爱？'曰：'爱汝之黑者发，而白者面耳。然则汝胡我爱？'柳曰：'即爱公之白者发，而黑者面也。'侍婢皆为匿笑。"这一对相差三十多岁的恋人，在历史上留下了惊天动地的爱情篇章。老钱以大夫人的礼节，迎娶小美女。柳如是真心喜欢白发，认为那是思想的象征。

明朝陆容《菽园杂记》记载："陆展染白发以媚妾，寇准促白发以求相。"陆展将白发染成黑色，也是为讨好自己的老婆。不过寇准却恰好相反，他更希望黑胡子赶快变白，显得自己老成，从而博取皇帝信任，得到宰相的位子。五代十国时候的徐知诰年纪轻轻做了宰相，为了能在朝堂上压得住场子，就将黑发变成白发。像徐知诰、寇准的做法，是不是给俗语"嘴上没毛，办事不牢"作了最好的注脚呢？

唐代诗人王建有诗一首《镊白》，是专门针对白发而写的，曰："总道老来无用处，何须白发在前生。如今不用偷年少，拔却三茎又五茎。"因此，在唐朝还衍生出一个工种：镊工，专门为人家拔白头发。其实这也不是什么新鲜事，晋朝的左思有篇出名的文章《白发赋》，文章开头写道："星星白发，生于鬓垂。……以此见疵，将拔将镊。"可见拔白发在晋朝已经开始了。

再说一个关于今人白发的故事。收藏专家、《马未都说收藏》主讲人马未都，讲他去理发的经历。他去理发时，经常被理发师规劝："染染发吧！"马未都就开玩笑说："我还指望这一头白发蒙事呢！"理发师遂说："那就染成全白的，包您满意。"

看来不论古人还是今人，都对头发、胡子的变化感受很敏感，只不过各自怀揣的心思和所要达到的目的不一样罢了。

龙冈书院：
阳明先生在此『传道』

龙冈新构

诸夷以予穴居颇阴湿，请构小庐。欣然趋事，不月而成。诸生闻之，亦皆来集，请名龙冈书院，其轩曰"何陋"。

其一

谪居聊假息，荒秽亦须治。

凿巘薙林条，小构自成趣。

开窗入远峰，架扉出深树。

墟寨俯逶迤，竹木互蒙翳。

畦蔬稍溉锄，花药颇杂莳。

宴适岂专予，来者得同憩。

轮奂非致美，毋令易倾敝。

其二

营茅乘田隙，洽旬始苟完。

初心待风雨，落成还美观。

锄荒既开径，拓樊亦理园。

低檐避松偃，疏土行竹根。

勿剪墙下棘，束列因可藩。

莫撷林间萝，蒙笼覆云轩。

素缺农圃学，因兹得深论。

毋为轻鄙事，吾道固斯存。

　　刚开始有了草庵，王阳明觉得已经很不错了。后来发现东洞，感到简直就是天上人间矣。现在当地村民又为他修建了一座很像样的住所，自然更是欢天喜地，喜悦之情难以言表。于是就有了《龙冈新构》。也正是因为这组诗作，让我们看到王阳明人格魅力的一面。当然，这"龙冈新构"让王阳明不再为住无定所而发愁，更为他潜心证道、传道奠定了物质基础。

　　王阳明到龙场驿已经有一段时间了，这段时间里，在官方对王阳明几乎不理不睬，甚至疏于安置的情况下，他很注重同当地村民处理好关系，尽管语言沟通交流有困难，但他以谦卑的姿态，虚心学习村民的生活方式，与当地人相处，更好地融入当地生活。时间一长，王阳明和当地民众熟悉起来，当地民众也和他亲近起来。随之才有王阳明住处和生活上一系列的根本性改变。

草庵虽好，但毕竟不是长久之计，暂时栖身尚可，时间一长就得重新修整，不然就会跑风漏雨狼狈不堪。杜甫的《茅屋为秋风所破歌》一诗里已经写出过那种惨状，"八月秋高风怒号，卷我屋上三重茅"。王阳明不想让杜甫当时那种悲凉悲戚的场景在自己身上重演，于是他不断在龙场驿附近转悠。王阳明的转悠至少包含三重含义。一是熟悉驻地的地理环境和地形地貌。王阳明善于观察和总结，我们可以从他诸多诗作和后来荡平宁王之乱以及平息江西、广西匪乱中感受得清清楚楚。二是经常与当地民众交流，更好地与大家打成一片。比如他向当地民众学习种植庄稼、学习农业生产技术等，这些都为他树立亲民爱民形象起到了十分重要的作用。三是寻找更好的栖身之处，就是后来著名的东洞——阳明小洞天。其实，即使是东洞这个住处，也是在当地民众垒砌下整理好的。

在东洞住上一段时间后，当地民众感到这个新来的龙场驿丞，不但有文化，而且还很亲切随和。于是，大家都认为在这个山洞里面居住还是不行，为什么？因为山洞颇阴湿，得给王阳明盖一所房子才行。这个时候王阳明与当地民众的关系已经很好了，大家都愿意出钱出力无偿地给他修建住所。而且修建的速度也非常快，不到一个月时间就完工了。建好之后，附近的学子也纷纷会集而来，大家议论纷纷，建议把这个地方命名为"龙冈书院"，那个轩就叫作"何陋轩"。

心情大好的王阳明，面对热情的当地民众，看着新修建的房子，诗兴大发，随之写下了这两首诗作。有专家认为，王阳明《龙冈新构》两首诗，是其所有诗歌中最为亮丽的诗作。原因有三：一是现实感强，写自己从事农事，完全白描手法，不渲染烘托；二是以自己的实践感悟人生道理，在一定程度上坚定了王阳明的人生思考；三是真情实感的流露，是王阳明在龙场看到的希望所在。

龙冈书院的建成，诸生的到来，与外界交流的日益扩大，思想火花的碰撞，让这里成为王阳明讲学的绝佳圣地。在随后的日子里，他一边讲学，一边悟道，真是快哉。从这个角度来看，我们完全可以说，龙冈新构的这个书院，为阳明心学思想体系的形成提供了物质条件，使得王阳明能够在此集中思考人生。

完成龙场悟道的王阳明，不知对过往的岁月作何感想？对京城所受的磨难，应该一笑而过了吧？对那些无端的诬陷和打击，是不是也都放下了？是的，这些都不算什么，只不过是他悟道成为圣人的助力器而已。

"吾心自有光明月，千古团圆永无缺。"这期间，王阳明对家中亲人的思念却无时无刻不在他的内心深处隐忍着。千里之遥，山高水长，纵然想念，也是无可奈何！人生不易，悟道不易！想给的是快乐，结果是忧伤；想给的是自信，结果是迷茫；想给的是坚强，结果是哭泣；想给的是保护，结果是伤害；想给的是圆满，结果是缺憾。好在王阳明历经苦难，痴心不改，终成正果。此种结果，是不是与孙悟空历经九九八十一难终成佛有相似之处？

"忆昔阳明讲学堂，震天动地活机藏。龙冈山上一轮月，仰见良知千古光。"这是日本著名汉学家三岛毅对王阳明的评价，崇拜之情溢于言表。三岛毅是中国阳明心学的崇拜者、研究者，他把王阳明的学问与人品比作龙冈山上的明月，千秋万代照耀着受其恩泽的人们。

西园：
尽显先生活泼可爱

西　园

方园不盈亩，蔬卉颇成列。

分溪免瓮灌，补篱防豕蹢。

芜草稍焚薙，清雨夜来歇。

濯濯新叶敷，荧荧夜花发。

放锄息重阴，旧书漫披阅。

倦枕竹下石，醒望松间月。

起来步闲谣，晚酌檐下设。

尽醉即草铺，忘与邻翁别。

　　一说到圣人贤者，是不是脑海里就会马上浮现这样的形象——正襟危坐，板着面孔，严肃严谨，之乎者也，一副老学究模样！如果这样认为就大错特错咯。

这首《西园》给人的感觉清新雅致、轻松诙谐，一幅农家乐的画面让人神往。不错，这就是现实生活中的阳明先生。

五百多年前的这个"西园"还在，就在现在何陋轩的西边，大家可以去游览一下，走上两步哼上几曲，体会当时王阳明那愉快喜悦的心情。

对于"西园"这个名字，张清河先生在解读《西园》一诗时这样认为，"西园"是我国古代文人很喜欢的名字，因为它最早曾是汉代皇家园林上林苑的别名，而更重要的是它为曹操、曹丕父子在邺城一处园林的名字，曹丕还有"乘辇夜行游，逍遥步西园"的诗句，因而"西园"这个名字备受文人喜爱。王阳明对这个名字也非常喜欢，开辟一块菜地之后，随之也就命名为"西园"。

从《西园》整首诗作来看，全诗写得轻松愉快、清新悦目，田园诗情跃然纸上。诗作的开头说明，这个"西园"不足一亩地，但是栽种的蔬菜花卉却交错成行，苗壮成长，一派生机勃勃景象。接着王阳明描述了浇水、补篱、除草等一系列农事动作，可见王阳明完全掌握了农事之要领，这对那些没有亲身经历过农事劳作的人来说是不可能想象出来的。

农事劳作之乐，在于辛勤劳作之后的收成；农事劳作之苦，在于不分昼夜侍弄。我在家乡读书之时，也时常到田间劳作。备尝农民的艰辛，大雨时要劳作，大太阳时也一样要在农田耕耘，最为辛劳的当为麦收季节。唐代诗人白居易在《观刈麦》一诗中这样说，"田家少闲月，五月人倍忙"。那个时候，整个农村都忙得热火朝天，人人脚不沾地，乘着晴空朗日，抢割抢收，不能让一场突如其来的暴雨使一年的收成泡了汤。这样的场景在白居易诗句中浅显易懂——"妇姑荷箪食，童稚携壶浆，相随饷田去，丁壮在南冈。足蒸暑土气，背灼炎天光，力尽不知热，但惜夏日长。"白居易描写的这一农村收麦场景，一直持续了我的童年和青少年时代。

我们可以从王阳明的诗作中感受到，他在经历一番磨难打击之后，经过在修文龙场的沉淀，思想发生了根本性变化，不鄙视农事，对农业有了清醒的认识，通过自己的亲自劳动，自食其力，反映出他对"民以食为天"的高度关注。

从事农事劳作之余，王阳明把锄头往田间一放，随时把携带的书本摊开认真阅读，这在当时的当地农人眼中也是一大景观，估计在王阳明到来之前谁都没有见过有人干农活还带着书，王阳明农事读书两不误。我想，这大概也是当时修文龙场农人爱戴王阳明的一个原因吧。

疲倦了，就在竹子下的石头上睡一觉，不管什么岁月悠悠，时光匆匆。醒来后，即使是月明星稀，那又如何？人生不就是图一个自在、图一个心安。过去快乐的时光毕竟太少，天天得应对那些围绕着刘瑾转的小人，时时得提防他们的冷枪暗箭、谣言、编造的各种莫须有的罪名。

况且，王阳明还是一个性格豪爽耿直的人，一点儿也不善于伪装、阿谀奉承。如今，天高皇帝远；远离是非之地。在当时看来，不要说贵阳的修文龙场是蛮荒之地，就是整个贵州也属于蛮荒之地。王阳明来到贵州，到了龙场，成就了他辉煌的人生，成就了千古流芳的心学。果然是，"远地方苦地方，建功立业好地方"。

让我们继续看看王阳明的"安逸"。王阳明一觉醒来已是夜晚，惺忪着眼睛抬头看看"松间月"。时光大好，心情大好！王阳明随之翻身而起，闲庭信步，而且还津津有味地哼唱着叫不出名字的童谣。接着又想起前几天，与龙场附近的农人一起喝酒的场景，结果一不小心又喝醉了，反正都是老熟人老朋友，自个儿往草铺上一躺，鼾声随之而起，竟然忘记和一道同饮的邻家老翁说声再见。人生不过就是这样，要善于随遇而安，要能做到随处而安。即使不说再见，明天依然相见，依旧有酒共斟。

可爱、单纯、快乐，这就是王阳明龙场期间留给我们的又一形象，甚是羡慕。

雪夜：
此心安处是吾乡

雪　夜

天涯久客岁侵寻，茆屋新开枫树林。

渐惯省言因病齿，屡经多难解安心。

犹怜未系苍生望，且得闲为白石吟。

乘兴最堪风雪夜，小舟何日返山阴？

　　自正德三年三月上旬到达龙场驿，算起来王阳明已经在龙场度过了九个多月的时光。在这将近一年的时间里，其间的人生经历和遭遇，自是我们无法想象的。我们仅能从他留下的诗文和相关历史资料考证中略知一二，我们能知道的只是一个角度或一个层面。比如，我们现在知道他刚到龙场时居无定所，只能"结草庵居之"，后来寻到一个山洞，在其中苦研《易》，并命名为"玩易窝"。后来构建龙冈书院，写下了著名的"龙冈书院三学记"，即《何陋轩记》《君子亭记》《宾阳堂记》。

然而，人生和经历不是干巴巴的文字，心境和心情更是他人无法体会和感悟的。王阳明在农历新年即将到来前写下的这首诗，其中的艰辛与磨难、苍凉与悲苦"谁解其中味"？

后人对东坡先生一直推崇备至，然而谁又愿意去经历一番他的人生际遇呢？我们都会说"此心安处是吾乡"，但谁又能体会和感受"夕贬潮州路八千"的悲凉？

当年贵州更是蛮荒中的蛮荒，王阳明是在经历九死一生之后来到龙场驿的。远离京城、远离家乡、远离亲人，原以为龙场驿再差劲，至少能有间遮风避雨的小屋，但就是这一点点的希望也是没有的，他和童仆只能在狭小阴暗的"玩易窝"山洞居住。

玩易窝就像现在的"两室一厨"，只不过是天然的，王阳明住在像石棺一样的石洞，童仆住在相对的石洞，要到厨房还得低头弯腰倒回去左转到高一些的石洞。曾经，我在王阳明的这个"厨房"里站立并沉思良久：这是一个多么伟大的山洞啊！五百年来一位伟大的思想家在这里诞生，生发出照亮万古长夜的思想——阳明心学！石洞的洞壁上黑乎乎的，那是王阳明烧火做饭时烟熏火燎的印痕,伸手摸一摸,手上没有一点黑灰,它们已经钙化在石头上。如同阳明心学一样,已经根植于人们的心田,成为匡正和指导人生的显学。

从玩易窝出来,阳光当头照,感觉经历了一番洗礼,也对王阳明当年的心境有了一些体悟。

当然,王阳明写《雪夜》这首诗的时候,早就已经到了阳明小洞天,也已在何陋轩开始为"诸生"讲学。在一个迎接新年到来的雪夜,王阳明独自徘徊,从阳明洞到君子亭,再到何陋轩,甚至还走下山来,到西园看一看。这个时候,王阳明是孤独的,但内心却又是丰盈的。他思念家乡的山山水水,想念家中的亲人,今夜的雪应该也能在老家的"山阴"落下吧!

这"病齿"把王阳明折磨得彻夜难眠,正好可以随性地再多走上几圈!王阳明想到自己到贵州龙场驿快一年时间了,已经成为天涯久客。在雪夜朦朦胧胧里看着龙冈山上枫树林里修建了草屋,内心也得到些许慰藉。但是一想到"未系苍生之望",一想到老家,就无法排解内心之苦闷。好在"心上学"全靠"事上练",艰难困苦玉汝于成,历经磨难痴心不改,"屡经多难解安心"!想到这些,王阳明的内心就无比地坚强安定。

人生不易,龙场龙场——此心安处是吾乡!

过天生桥

水光如练落长松，云际天桥隐白虹。

辽鹤不来华表烂，仙人一去石桥空。

徒闻鹊驾横秋夕，谩说秦鞭到海东。

移放长江还济险，可怜虚却万山中。

人生如逆旅，我亦是行人。

对于贵州本地人来说，遇到一个溶洞、看见一座天生桥，实在是太正常不过了。典型的喀斯特地貌，使得贵州成为全国唯一一个没有平原支撑的省份，也造就了贵州神奇的地貌特征，黔山秀水，山连山水接水，或壮观，或秀丽，正所谓"走遍大地神州，最美多彩贵州"。然而对从平原或者江浙一带到贵州的人来说，见到溶洞和天生桥，那真是感到稀罕。在 2015 年贵州就已经实现了县县通高速，从千沟万壑华丽转身为"高速平原"，媒体多有报道赞誉"贵州是平的"。把时间轴拉长一下，五百多年前的王阳明被贬谪到贵州龙场，看到天生桥自然会心生感叹，叹大自然之鬼斧神工，叹黔地如此之神奇。

王阳明笔下的这座天生桥，位于贵州贵阳修文县谷堡乡哨上村，距离修文县城西北约十二公里。当时修文被称为龙场，后人经常说到的龙场悟道，就是指今天的修文——阳明心学诞生的地方。这座天生桥横亘在两山之间一条隆起的山脊之上，桥洞高约十米，宽约七米，进深约十四米。桥洞弯曲处有一块长五米、宽厚各三米、呈六十度倾斜的椭圆形巨石横阻中流，传说是神仙弈棋时掀翻的石桌。出水面的洞口，像"两山攒合而成"，传说是仙人将两座山尖捏合成桥，所以叫作"天生桥"。

王阳明在写这首《过天生桥》时，我想他应该是从远景、中景、近景等不同角度对这座天生桥观览一遍后，驻足天生桥之上创作的。谷堡天生桥是明朝龙场驿驿道的组成部分，是连接黔中和黔西的陆上交通要道。作为龙场驿丞，王阳明不知在这条道上走了多少次，但第一

次看到时过于惊奇，就为我们留下了这首七言律诗。

全诗浅显易懂，其中用典可作解读。颔联"辽鹤不来华表烂，仙人一去石桥空"的上句，运用了"辽东鹤"的典故。东晋陶渊明续写《搜神后记》卷一时写道："丁令威，本辽东人，学道于灵虚山，后化鹤归辽，集城门华表柱。"丁令威是西汉时期尊奉道教的仙人，是辽东人，曾学道成鹤，飞望故里，站在城门华表上唱歌。王阳明写这首诗歌时可能在想，到了自己生活的明朝，当时"辽东鹤"站立的"华表"应该已经"烂"了吧。后来人们用"辽东鹤"来表达思念家乡的心情，抒发物是人非、思念故土之感。下句中的"仙人"是引用修文当地关于天生桥的民间传说，这应该也是王阳明到了龙场之后，与当地百姓打成一片后听到的民间传说故事。传说玉帝看到峡谷阻碍当地百姓的往来，便派七仙女下凡修桥，而七仙女却被当地美景所吸引，耽误了修桥时间，直到雄鸡三鸣，才匆忙将两山撮合在一起而去，现在仙人已经离去，只留下这座天生桥。颈联"徒闻鹊驾横秋夕，谩说秦鞭到海东"的上句，引用的是牛郎织女的民间传说，下句引用了秦始皇运用"赶山鞭"驱石赶山的传说。王阳明借用这两个典故，想表达的是眼前这座"天生桥"天造地设的神奇。

　　五百年后，谷堡乡的这座天生桥依然屹立在两山之间，桥下河水流走了岁月，老去了时光。但阳明心学却成为中华优秀传统文化的精华，成为贵州文化的"宝贝"。

蜈蚣坡:
「三人坟」在何处?

瘗旅文（选摘）

连峰际天兮，飞鸟不通。游子怀乡兮，莫知西东。莫知西东兮，维天则同。异域殊方兮，环海之中。达观随寓兮，奚必予宫。魂兮魂兮，无悲以恫。

明正德四年（1509）秋的一天中午，一行三人艰难地行走在贵阳龙场附近的蜈蚣坡。一个被贬谪的吏目带一子一仆，千里迢迢从京城而来，准备去思州（今贵州省岑巩县）上任。　路上他们冒风霜雪雨，顶炎炎烈日，饥饿困顿、劳苦疲惫。然而，雪上加霜的是，他们又被瘴疠侵袭，行至蜈蚣坡时，耗尽最后一点心力的吏目死于坡下，再也没有醒来。更为悲惨的是，当天傍晚和第二天上午，吏目的儿子和仆人也先后死在蜈蚣坡。王阳明听说后，想到三具暴露的尸体无人收殓，恻隐之心油然而生，便带领两个童子拿着畚箕和铁锸，来到蜈蚣坡将三具尸体掩埋，并作《瘗旅文》祭奠。

《瘗旅文》是王阳明的散文名篇，被清人吴楚材选入《古文观止》，与唐代李华的《吊古战场文》和韩愈的《祭十二郎文》被誉为祭文"三绝"，广为传诵。

王阳明埋葬吏目一行三人的地方，起初就是三个小坟头，"傍山麓为三坎"。据史料记载，清乾隆八年（1743），山东通判孙谔因办理公事到修文，与修文知县王肯谷一道到蜈蚣坡寻找三人坟。因年久无人管理，坟被荒草湮没，还是在一位七十多岁老人的带领下才找到三人坟。只见坟墓四周被荒荆蔓草覆盖，几乎不能辨别，不免感到悲伤，于是捐资修筑坟墓，并于乾隆十年（1745）春季赋诗撰文刻碑立于坟头。诗歌全文："主仆扶男来瘴地，可怜同日葬幽云。史书已失三人姓，驿路犹存一尺坟。魂叫青枫天欲暮，骨缠白草昼常曛。蜈蚣坡下伤无限，痛哭当年瘗旅文。"

"三人坟"现在的具体位置在哪个地方呢？乾隆《贵州通志》载："吴公坡，在修文城西二十里，明王守仁

《瘗旅文》处有碑记。""吴公坡"即为"蜈蚣坡"。三人坟在距离贵阳市修文县县城约十二公里，修文县的谷堡乡哨上村蜈蚣坡的山腰上。当年，奢香夫人所开龙场驿至六广驿的古驿道正好从坟旁经过。1985年，贵州省人民政府将三人坟列为省级文物保护单位。1996年修文县文物管理部门修缮坟茔，重刻大碑竖于坟后垭口处。

三人坟因为《瘗旅文》而闻名，国内外的王学研究者赴修文多到三人坟凭吊。三人坟附近有风景点天生桥，王阳明也曾到过天生桥，写有《过天生桥》。天生桥和三人坟两处阳明遗迹，是研究王学和寻访阳明遗迹不可遗漏的去处。

在《瘗旅文》中，王阳明一唱三叹，情难自已，抒发"同是天涯沦落人"的凄苦悲愁之情，展现出王阳明同体大悲的儒者情怀。他不忍心吏目陈尸荒野，便叫两名童仆，带上畚箕、铁锸，前往蜈蚣坡埋尸。起初二人显出为难的神色，王阳明悲痛地说："唉，我同你们，犹如他们三人，彼此都是一回事啊！"二名童仆听了伤心流泪，遂自愿前往。"吾与尔犹彼也"，《古文观止》在此处评论道："伤情处只在此一语。"王阳明在简洁叙事中着力刻画了吏目三人的无辜与不幸，抒发对死者的

哀伤与痛惜，貌似在哀悼他人，实则是感叹自我遭际。文章最后两首祭辞，采用骚体形式，把悲情推到极致。其中"连峰际天兮，飞鸟不通"一度成为贵州交通不便的代名词，现在这种状况早已一去不复返，"高速平原"已经成为贵州交通的新形象，"贵州是平的"梦想已经成真。

王阳明经历"龙场悟道"后，经过一年的修炼，"致良知"仁心日显，同体大悲之感日强，这也正是阳明先生"知行合一"学问的真正体现。

附

瘗旅文

王阳明

维正德四年秋月三日，有吏目云自京来者，不知其名氏，携一子一仆，将之任，过龙场，投宿土苗家。予从篱落间望见之，阴雨昏黑，欲就问讯北来事，不果。明早，遣人觇之，已行矣。

薄午，有人自蜈蚣坡来，云："一老人死坡下，傍两人哭之哀。"予曰："此必吏目死矣。伤哉！"薄暮，复有人来，云："城下死者二人，傍一人坐叹。"询其状，则其子又死矣。明日，复有人来，云："见坡下积尸三焉。"

则其仆又死矣。呜呼伤哉！

念其暴骨无主，将二童子持畚、锸往瘗之，二童子有难色然。予曰："嘻！吾与尔犹彼也！"二童悯然涕下，请往。就其傍山麓为三坎，埋之。又以只鸡、饭三盂，嗟吁涕洟而告之，曰：

呜呼伤哉！繄何人？繄何人？吾龙场驿丞余姚王守仁也。吾与尔皆中土之产，吾不知尔郡邑，尔乌为乎来为兹山之鬼乎？古者重去其乡，游宦不逾千里。吾以窜逐而来此，宜也。尔亦何辜乎？闻尔官吏目耳，俸不能五斗，尔率妻子躬耕可有也。乌为乎以五斗而易尔七尺之躯？又不足，而益以尔子与仆乎？呜呼伤哉！

尔诚恋兹五斗而来，则宜欣然就道，乌为乎吾昨望见尔容蹙然，盖不任其忧者？夫冲冒雾露，扳援崖壁，行万峰之顶，饥渴劳顿，筋骨疲惫，而又瘴疠侵其外，忧郁攻其中，其能以无死乎？吾固知尔之必死，然不谓若是其速，又不谓尔子尔仆亦遽然奄忽也！皆尔自取，谓之何哉！吾念尔三骨之无依而来瘗尔，乃使吾有无穷之怆也。

呜呼痛哉！纵不尔瘗，幽崖之狐成群，阴壑之虺如车轮，亦必能葬尔于腹，不致久暴露尔。尔既已无知，然吾何能违心乎？自吾去父母乡国而来此，二年矣，历瘴毒而苟能自全，以吾未尝一日之戚戚也。今悲伤若此，是吾为尔者重，而自为者轻也。吾不宜复为尔悲矣。

　　吾为尔歌，尔听之。歌曰：连峰际天兮，飞鸟不通。游子怀乡兮，莫知西东。莫知西东兮，维天则同。异域殊方兮，环海之中。达观随寓兮，奚必予宫。魂兮魂兮，无悲以恫。

　　又歌以慰之曰：与尔皆乡土之离兮，蛮之人言语不相知兮。性命不可期，吾苟死于兹兮，率尔子仆，来从予兮。吾与尔遨以嬉兮，骖紫彪而乘文螭兮，登望故乡而嘘唏兮。吾苟获生归兮，尔子尔仆，尚尔随兮，无以无侣为悲兮！道旁之冢累累兮，多中土之流离兮，相与呼啸而徘徊兮。餐风饮露，无尔饥兮。朝友麋鹿，暮猿与栖兮。尔安尔居兮，无为厉于兹墟兮！

陆广：『陆广晓发』发未发？

陆广晓发

初日曈曈似晓霞，雨痕新霁渡头沙。

溪深几曲云藏峡，树老千年雪作花。

白鸟去边回驿路，青崖缺处见人家。

遍行奇胜才经此，江上无劳羡九华。

　　王阳明笔下的陆广，位于今天贵阳市修文县的六广镇境内，只是区别为，明朝时这里是从贵州（今贵阳）到四川的九个驿站之一，从贵阳出发，龙场驿是第一站，陆广驿为第二站。陆广驿由明代水西地区开设，因为这个驿站地处乌江上段的一个渡口，地名叫陆广，那渡口也就叫陆广渡，这一段河流自然也就叫陆广河了。

　　如今的古驿站、古渡口，早已失去了它曾作为驿站的功能，成为闻名遐迩的六广河景区，供来自天南海北的游人观风看景、修身修心。这里河水清澈、峡谷幽深、空气洁净、温泉养生、美食爽口，若王阳明穿越到今天的陆广古渡，看到后人为他在贵州期间总结归纳的"阳明·问道十二境"，会不会拍案叫绝，再重走一遍十二境，领略五百年后的新时代多彩贵州呢？

五百年后的贵州已经发生翻天覆地的变化，贵州在西部省份率先实现县县通高速；高铁通车里程排名西部第二位；一干十支机场布局串联起贵州每一个市州；撕下千年贫困的标签，与全国人民一道迈入小康社会。就以陆广古渡这条路线来说，现在既有高速路、高铁线，还有机场，即使是乘坐高铁从贵阳到成都也就三个多小时，可谓"万水千山只等闲"。假使说王阳明穿越到现在看，定然会"当惊世界殊"！

王阳明的这首《陆广晓发》文字近乎白话，且有众多学者研究阐释，无须我过多阐述。我想说的是，王阳明为什么要去陆广驿？那天他是否从陆广驿渡河前往了水西？说到这些就不能不讲一讲当时贵州的政治环境、地理环境。

"水西"和"水东"是贵州历史上不得不提且非常

重要的两个名词。这两个名称的由来，最早见于《元史·地理志》："大德六年，云南行省右丞刘深征八百息（媳）妇，至贵州科夫，致宋隆济等纠合诸蛮为乱，水东、水西、罗鬼诸蛮皆叛，刘深伏诛。"元代以后，"水东""水西"相对称呼出现，两者的划分大致以鸭池河（六广河）为界，鸭池河以东为水东，鸭池河以西为水西。

当年王阳明被贬谪到龙场做驿丞，龙场驿同陆广驿都属于水西。水西是当时贵州最大的土司领地，陆广河是由西南往东北的流向，左岸在河西（水西），右岸在河东（水东）。陆广、龙场虽地处河东，但从行政管辖来看又属于水西。也就是说，驿站所处地属于水西，但驿站本身并不属于水西，驿站是省里的，是朝廷的，驿丞不是土司的属官，而是省里任命的，像王阳明则又是朝廷直接任命的。王阳明身在龙场，为龙场驿丞，龙场所处地属于水西，自然他同水西就有了割舍不掉的关系。

王阳明到陆广渡干什么呢？他会不会要渡河而西呢？贵阳学院教授、贵州省阳明学会副会长兼秘书长赵平略认为："不一定！"因为水西土司同省里长期存在着微妙而敏感的关系。其一，贵州宣慰使司有正副两个宣慰使，正职是水西安氏，副职是水东宋氏，而这正副宣慰使却是冤家，他们之间矛盾重重，同时与省里矛盾重重。其二，那年省里另有地方势力叛乱，调动安贵荣参与平叛，安氏极不情愿地出兵，结果平乱立功。安氏等待着封赏，结果只加了一个虚衔，心中不忿。其三，朝廷一度考虑撤除水西的驿站，安氏暗喜。那些驿站在安贵荣心中如同安在他属地的钉子和眼线，时时感到芒刺在背，当然希望撤除。然而朝廷是从南北整体考虑，省里则从当地局部考虑，不赞成撤除驿站，最后安氏希望落空，增加积怨。总之，当时贵州省一级流官与土官上下之间的关系，一直是磕磕绊绊、紧紧松松、表里不一的。

也有论者说，那天王阳明很有可能没有渡河去水西，依据是《陆广晓发》这首诗的遣词造句，但这只能是"存疑"，不能作出准确定论。其实，我个人的判断，那天王阳明应该是去了水西的。因为当时交通极为不便，翻山越岭、长途跋涉二十多公里，难道就为看一看"奇胜"的渡口？似乎不大可能。

此外，王阳明到龙场之后，其才华也逐渐被安贵荣所知晓，况且安贵荣也专门发出过邀请，延请王阳明为新修葺的象祠写一篇记颂的文章，而这象祠就在陆广河过去不远的素朴镇。后来他在《象祠记》说："人性之善，天下无不可化之人也。"

安贵荣与朝廷、与省里的关系，以及安贵荣的那些小算盘，王阳明是认真研究和思考过的。既然要"教化"安贵荣，那借此渡河去看看竣工后的象祠，就是最好的机会。再说，从诗名上看，王阳明既然一大早来到渡口，在渡船未到或未开之际，站在渡头抬眼望周遭环境，诗兴大发，专门写一首风景诗，然后再登船西渡也未尝不可，毕竟诗名中已经直截了当地说"晓发"，"发"就是启程的意思。这是我的一家之言，也为"存疑"而存疑吧。

孟子曰："孔子登东山而小鲁，登泰山而小天下！"那么，"阳明观陆广而小九华"。九华山是天下名山，王阳明写九华山的诗有十几首，但他看了陆广之后竟说"无劳羡九华"。诗作是精品，风景亦属精品，读来令人心驰神往。

木阁箐古道：
六百年前的『贵毕路』必经之地

木阁道中雪

瘦马支离缘绝壁，连峰窅窕入层云。

山村树暝惊鸦阵，涧道雪深逢鹿群。

冻合衡茅炊火断，望迷孤戍暮笳闻。

正思讲习诸贤在，绛蜡清醅坐夜分。

元夕木阁山火

荒村灯夕偶逢晴，野烧峰头处处明。

内苑但知鳌作岭，九门空说火为城。

天应为我开奇观，地有兹山不世情。

却恐炎威被松柏，休教玉石遂同赪。

木阁是一座大山，横亘在贵阳与修文龙场之间，巍峨险峻，峰峦逶迤，林木叠翠。弘治《贵州图经新志》记载，木阁箐山"在（贵阳）治城西北四十里，延袤十余里，材木翁蔚，阖郡材木咸于此抡焉。中有阁道通水西、毕节"。"中有阁道"指的就是木阁箐古道，木阁箐这一段又名朱官坡、鹁鸪箐，是从贵阳到修文古驿道上的最高峰，海拔有一千六百多米，现在仍是白云区与修文县的交界。

不过，王阳明诗作中描述的生态环境已经不复存在，更没有"鹿群"在这里出没了。

先说一说木阁古道。《贵州通志》记载，明洪武十七年（1384），朱元璋借道水西平定云南，贵州宣慰使奢香予以积极配合，并亲率水西四十八部"开偏桥、水东，以达乌撒、乌蒙及容山诸境，立龙场九驿"。"龙场九驿"分别是龙场、陆广、谷里、水西、奢香、金鸡、阁鸦、归化、毕节，水西有七个，贵阳修文境内有龙场驿、陆广驿两个。因为从贵阳到毕节设置的第一个驿站就是龙场，所以俗称"龙场九驿"。驿站与驿站之间靠驿道连接，木阁古道就是从贵阳到龙场驿站的必经之道，至今尚有一段木阁箐古驿道遗迹。当年，王阳明就是通过这个古驿道在贵阳和龙场之间多次往返，或到贵阳文明书院讲阳明心学，或到来仙洞（仙人洞）、南庵（翠微园）等地游览，与友人诗词唱和，也留下了上面两首关于木阁山和木阁古道的诗作。

从现在的贵毕路来看，"龙场九驿"无疑就是当时的贵毕路，是当时官方主持修建的"官道"。"龙场九驿"打通了贵州特别是水西到四川、云南的大通道，助力朱元璋平定了云南，更起到了沟通边疆与中原内地在政治、经济和文化上的联系，增进汉民族与西南各民族之间交流的巨大作用。

官修"古道"也是茶马"商道"。2013 年，"川黔滇茶马古道"被国务院公布列入第七批全国重点文物保护单位，其中就包括贵阳周边的若干段茶马古道。六百年前的贵阳，处在几条茶马古道的交会点上，使其得以发展成为贵州的政治、军事、文化、经济中心。茶马古道是在古代中国西南山区，以马帮为主要交通工具的民间商贸通道。据 2019 年 4 月 16 日《贵州都市报》报道，如今贵阳周边各个方向尚存的茶马古道遗迹，有贵阳长坡岭、贵阳汤巴关、贵阳六冲关、修文蜈蚣坡、修文木阁箐、清镇黑泥哨、花溪青岩、乌当下坝、开阳永温等。据了解，如今在贵阳以西的茶马古道上，尚存长坡岭古道、修文木阁箐古道、修文蜈蚣坡古道。

王阳明为木阁箐山写的这两首诗，给我们传达了很强的情感信息。《木阁道中雪》看似描写木阁箐的雪景，其实是王阳明通过瘦马、绝壁、山峰、白云、傍晚的山村、风吹树摇中的鸦阵、山涧小道、奔跑的鹿群、冰冻的草屋、迷蒙在雪夜里的军营、暮色中传来的胡笳声，以及冬天的衰败与凄凉等，既抒发自己被贬龙场的凄迷纷乱心情，又展现了与他的学生在一起讲学与喝酒的快乐场面。《元夕木阁山火》表达了王阳明在观望"天应为我开奇观"时，内心却惦念着山上的木材，以及因山火让"玉石"同赪，一道化为惨红，深刻地表现出王阳明的仁者情怀。

老桧：风雪凛然存节概

老　桧

老桧斜生古驿傍，客来系马解衣裳。

托根非所还怜汝，直干不挠终异常。

风雪凛然存节概，刮摩聊尔见文章。

何当移植山林下，偃蹇从渠拂汉苍。

　　王阳明笔下的这棵老桧顽强地活到了 21 世纪，它依然根深干直、直插云天，遒劲本固、枝荣叶茂，仰望苍穹、俯视大地……这棵古桧见证着阳明心学的诞生、发展、壮大到今天成为显学，成为贵州文化的"宝贝"。

　　也正是这棵老桧，让后来人知道当年龙场驿站的具体位置，也让我们知道王阳明历尽艰险到了龙场驿后，驿站已是断壁残垣，甚至一截矮墙也不复存在。要不然，他也不会因无所居而住进当地群众搭的草庵里栖身，也不会因找到一个可以居住的山洞而欣喜，并命名为阳明小洞天了。

无论如何这棵老桧的价值都不能被低估。

桧是柏树的一种，即圆柏。常绿乔木，木材桃红色，有香气，木质坚密，可作为建筑材料。诗作中的老桧，枝干挺拔，高风亮节，不畏风霜雨雪，不怕刀砍斧削。经历风霜雨雪反而更见其精神，经历刀砍斧削更显其品质。王阳明以这棵老桧自喻，人活着就应像这棵老桧一样，正气凛然，即使受到不公正待遇或者是受到打击压迫，依然只是"损伤表皮"，而不能移其情、夺其志。王阳明认为，老桧是因为生得不是好地方，才受到不公正的待遇，他寄希望于"移植"，让老桧能最终发挥作用。纵观王阳明的一生，这也正是他做人的真实写照，也是他始终坚守的信念。

天地有正气，千秋尚凛然。王阳明虽经磨难，然心学诞生：心即理、致良知、知行合一。明正德十四年（1519），江西宁王朱宸濠发动叛乱，一介书生王阳明因时就势、巧妙排兵布阵，一举平定，明武宗朱厚照在权臣和太监的撺掇下，逼王阳明重新献上修改版的平定宁王报捷书，王阳明甚至还差点引来杀身之祸。王阳明的弟子甚感委屈地问："受如此不公，这是否是良知之命令？"王阳明平日里教导弟子要为心中良知勇敢去拼，不能退缩，否则就违背内心。面对这个问题，王阳明被问住了。但他在认真思考之后答复弟子说："做人要勇敢地去做事，不必计较事成之后的荣耀。有荣耀是我幸，无荣耀是我命，这就是良知给我们的答案。"

品读王阳明的《老桧》，总让我想起中学读书时，语文课本中茅盾的《白杨礼赞》和陶铸的《松树的风格》。茅盾礼赞白杨是"极普通的一种树，没有婆娑的姿态，没有屈曲盘旋的虬枝"，但白杨"伟岸，正直，朴质，严肃，是树中的伟丈夫"。陶铸说："杨柳婀娜多姿，可谓妖媚极了。桃李绚烂多彩，可谓鲜艳极了。但它们只是给人一种外表好看的印象，不能给人以力量"，赞美松树有自我牺牲的精神、乐观主义的精神，有坚强的意志和崇高的品质。我还想到毛泽东晚年让机要秘书张玉凤给他读《枯树赋》时的悲凉心情，当时张玉凤读了两遍后，毛泽东就背一遍："此树婆娑，生意尽矣！……昔年种柳，依依汉南；今看摇落，凄怆江潭。树犹如此，人何以堪！"《枯树赋》是我国赋史上著名的感伤身世之作，讲的是晋朝时候，一个人来到一棵大树下，想到这棵大树也有过生长繁盛的时期，而现在已经逐渐衰老了，这个人内心油然而生一种悲凉。

遥想当年，王阳明在为龙场驿站的这棵老桧创作这首诗时，他又是一种什么心情呢？诗作的最后一句给了我们答案："何当移植山林下，偃蹇从渠拂汉苍。"如果把这棵老桧移植到山林之中，那么它就不会被人们当作系马桩，在它的树干上晾衣服了。

圣人之道，吾性知足！天地常新！

象祠·天下无不可化之人

象祠记（选摘）

进治于善，则不至于恶；

不抵于奸，则必入于善。

《象祠记》是王阳明散文作品中入选《古文观止》的三篇文章之一。

"灵、博之山，有象祠焉。"这是《象祠记》开篇的第一句。王阳明笔下的象祠，就在今天的毕节市黔西市素朴镇灵博村九龙山的主山灵博山上。

据专家考证，灵博山上的这座象祠是中国现存的唯一象祠。至于象祠始建于何朝何代，说法不一。《黔西县志》记载约建于隋朝，至今已有一千四百多年的历史。也有说法认为，始建于蜀汉时期，至今已有一千七百多年的历史。还有的认为，象祠的修建年代不详。

一部贵州史，半部在水西。水西的"水"，指的是鸭池河，鸭池河是乌江重要的支流之一，位于毕节与贵阳的交界处，鸭池河以东为水东，鸭池河以西为水西。在明代，水东由宋氏统治管辖，直到明崇祯三年（1630）改土归流后，宋氏在水东地区世袭六百多年的统治才告终结；水西由安氏统治管辖，直到清康熙三十七年（1698）改土归流后，安氏在水西地区延续的土司世袭传承历史方告结束。

象祠是当地群众纪念舜的同父异母兄弟象的祠堂。不论是历史传说，还是王阳明的《象祠记》中，舜的兄弟象不但没有德行，而且曾多次设计陷害舜，但舜以德报怨，象终于被感化，并成为一位明君。舜在以德为本感化象的同时，他的高尚德行也终于让其父深受感动，"化而为慈父"。象去世后，各地纷纷修建象祠以示纪念。然而到了唐代，全国所有的象祠又被毁灭殆尽，仅有水西的这座象祠得以完整保留。到了明朝，安贵荣继任贵州宣慰使后，重建象祠。象祠又因王阳明作记，而成为水西的一座文化丰碑。1996 年 5 月，象祠被列为县级文物保护单位；2015 年 5 月，象祠被列为省级文物保护单位。2012 年，象祠开始重建，于 2016 年 5 月完工，现为国家 AAA 级旅游景区、贵州省人文社科示范基地。

2020 年 9 月，在第十五届中国北京国际文化产业博览会上，中共贵州省委宣传部、贵州省新闻出版局、贵州省版权局正式发布"阳明·问道十二境"文化 IP。在这十二境中，"水西论象"是其中一境，发布词中这样表述："坐落在黔西县灵博山的象祠遗址是中国现今唯一的象祠，始建年代不详，明正德三年（1508），贵州宣慰使（水西土司）安贵荣应水西百姓要求，修葺象祠，并请王阳明为之作记。王阳明写下不朽名篇《象祠记》，被收入《古文观止》，文中'天下无不可化之人'成为千古名言。"象祠为省级文物保护单位。

阅读欣赏《象祠记》，我们可以从中感受到王阳明心学中"人心本善""人心可化"之理念，同时也以此反思如何实现人之教化、如何教化之问题。

王守仁《象祠记》草书　台北故宫博物院藏

附

象祠记

王阳明

　　灵、博之山，有象祠焉。其下诸苗夷之居者，咸神而事之。宣慰安君，因诸苗夷之请，新其祠屋，而请记于予。予曰："毁之乎，其新之也？"曰："新之。""新之也，何居乎？"曰："斯祠之肇也，盖莫知其原。然吾诸蛮夷之居是者，自吾父、吾祖溯曾高而上，皆尊奉而禋祀焉，举之而不敢废也。"予曰："胡然乎？有庳之祠，唐之人盖尝毁之。象之道，以为子则不孝，以为弟则傲。斥于唐，而犹存于今；毁于有庳，而犹盛于兹土也，胡然乎？"

　　我知之矣：君子之爱若人也，推及于其屋之乌，而况于圣人之弟乎哉？然则祀者为舜，非为象也。意象之死，其在干羽既格之后乎？不然，古之骜桀者岂少哉？而象之祠独延于世，吾于是盖有以见舜德之至，入人之深，而流泽之远且久也。

　　象之不仁，盖其始焉尔，又乌知其终之不见化于舜也？《书》不云乎："克谐以孝，烝烝乂，不格奸。"瞽瞍亦允若，则已化而为慈父。象犹不弟，不可以为谐。进治于善，则不至于恶；不抵于奸，则必入于善。信乎，象盖已化于舜矣！《孟子》曰："天子使吏治其国，象不得以有为也。"斯盖舜爱象之深而虑之详，所以扶持辅导之者之周也。不然，周公之圣，而管、蔡不免焉。斯可以见象之见化于舜，故能任贤使能而安于其位，泽加于其民，既死而人怀之也。诸侯之卿，命于天子，盖《周官》之制，其殆仿于舜之封象欤？

吾于是益有以信人性之善，天下无不可化之人也。然则唐人之毁之也，据象之始也；今之诸夷之奉之也，承象之终也。斯义也，吾将以表于世，使知人之不善，虽若象焉，犹可以改；而君子之修德，及其至也，虽若象之不仁，而犹可以化之也。"

来仙洞：应笑山人就不归

游来仙洞早发道中

霜风清木叶，秋意生萧疏。
冲星策晓骑，幽事将有徂。
股虫乱飞掷，道狭草露濡。
倾暑特晨发，征夫已先途。
淅米石间溜，炊火岩中庐。
烟峰上初日，林鸟相嘤呼。
意欣物情适，战胜癯色腴。
行乐信宇宙，富贵非吾图。

来仙洞

古洞春寒客到稀，绿苔荒径草霏霏。
书悬绝壁留僧偈，花发层萝绣佛衣。

壶楹远从童冠集，杖藜随处宦情微。

石门遥锁阳明鹤，应笑山人久不归。

到龙场的第一年初秋，对贵阳慢慢熟悉了的王阳明开始涉足更远一些的地方，比如这次到贵阳东山的仙人洞游玩，就是一个例证。王阳明诗中所说的来仙洞，就是现在贵阳市的著名景点——仙人洞。从王阳明留下的诗作来看，王阳明至少到仙人洞游玩过两次，第一次写下来了《游来仙洞早发道中》，第二次专门为仙人洞写了一首《来仙洞》，由此可见王阳明对贵阳仙人洞的喜爱。

为便于诸君了解，这里笔者把王阳明这两首关于贵阳仙人洞的诗作放在一起解读，说是解读，其实也仅仅是我个人的一点学习心得而已。

我居住的地方距离仙人洞不远，直线距离不足一公里，坐在书房的电脑前，抬头朝左前方望去，一眼就能看到仙人洞山上的那些寺庙。我常常坐在窗前发呆，遥想当年王阳明一大早就从修文龙场出发，经过长途跋涉游赏仙人洞时或欣喜，或惆怅，或沉思的情状，一代思想大家的心思或许从他的这些诗作里也能看出一二来。

来仙洞是当时贵阳游赏之冠，官方接待、亲朋好友

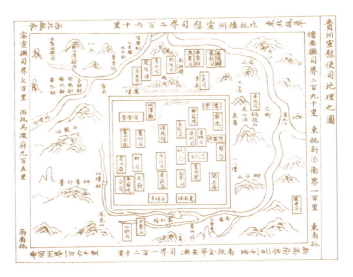

《贵州宣慰使司地理之图》，载于明弘治年间（1500年左右）修纂的《贵州图经新志》。《贵州图经新志》载王阳明贬谪龙场驿前后的贵阳及其周边地图，言"龙场驿在治城西北一百五十五里"。

到来，来仙洞是首选之地。对王阳明来说，自然也不例外，他早早出发，带着书童，带上餐食，心情大好，"行乐信宇宙，富贵非吾图"，《游来仙洞早发道中》这首诗既体现出了王阳明谪居的精神苦闷，同时也把他乐而忘忧的喜悦表达得淋漓尽致。以诗言志，有感而发，途中之作，已经道尽心声，剩下的就是好好游赏来仙洞的风光，听听关于这山、这洞传说中的故事了。

　　仙人洞位于贵阳市东山上，洞在栖霞岭铜鼓岩半，山势陡峭，石径狭窄，只能沿着石级迂回而上，才能到达洞口。仙人洞是总称，实际上三个洞穴各有其名，岩顶为八仙洞，中间为仙灯洞，最下为仙人洞。上中两洞传说，八仙尝弈棋于上洞，其下南明河中两龟恶斗，一仙飞掷一子，将近岸的巨石击为两截，两龟惊恐逃离，断石其状如船，是为船石。仙灯洞，俗传洞中闪四色光，但不常见，见者大吉。清道光间贵州布政使麟庆曾来船石上亲验仙灯之有无，适逢灯现："见光在洞内，闪灿发焰，云影外霏，摇曳不定，近处红黄作晕，远处黑白渐分，不可思议。"最后他对仙灯奇景作了客观的解释："山势西向，落照正射故红，相近渐黄，近黄者光减为白，幽邃者光阻为黑。其洞中稍凹，而能聚光处又得斜日流辉，飞云度影，云影微动，即闪金光。盖风静云动，又随日之远近斜正而色因以变，幻境生焉。"

　　清康熙时仙人洞成为道教宫观，有三清殿、三官殿、八仙亭、舍身岩、会仙桥、石窟等景观。站在山顶远眺，可以一饱眼福，对贵阳城俯瞰个大概。若从洞口朝西望去，由西而来的蜿蜒河水，奔流到山脚，再也前进不得，便温顺地折南而去，流进了那幽远的大山峡谷，这个南折之处名叫水口，就是现在的水口寺附近。现在往西看去，一派繁华景象尽收眼底，万东桥连接着都司路高架桥和蟠桃宫立交桥、机场路，省医大楼、亨特国际、凯宾斯基尽可阅看。这时如果你不向右侧目，那实在堪称遗憾，因为不远处就是著名的阳明祠了。

阳明祠始建于清嘉庆十九年（1814），由阳明祠、尹道真祠、扶风寺三组古建筑组成，环境清幽、景色秀丽，清代西南巨儒郑珍曾赞之为"插天一朵青芙蓉"。匆匆数百年而过，当年王阳明游赏仙人洞时，大概不会想到此地会有为纪念他而修建的阳明祠吧！

《游来仙洞早发道中》是王阳明头年秋天到仙人洞游赏时的途中之作。第二年春天，他再次来仙人洞游览，写下了第二首关于仙人洞的诗作《来仙洞》，全诗色彩淡雅、格调清新，诗情画意尽在字里行间，犹如一幅可人的水墨画。

这首诗中，最后一句"石门遥锁阳明鹤，应笑山人久不归"值得品味，王阳明喟然长叹："我怎么就像一只被这石门锁着的孤鹤啊，久久不能归去。"王阳明遗诗六百多首，在贵州创作的诗篇有一百一十二首。在关于贵州的这些诗作中，王阳明的归隐情绪不时就有体现，可以说"归隐"也是他诗作的一个关键词，归隐的思想随时都有被诱发的可能，无论是面对仙人洞这样的佳色美景，还是一草一木。人的情绪总有低落之时，好在王阳明善于自我排解和调节，不然就没有阳明心学这一烛照人们内心的伟大思想了。

二桥·好山当面正如屏

送客过二桥

下马溪边偶共行，好山当面正如屏。

不缘送客何因到，还喜门人伴独醒。

小洞巧容危膝坐，清泉不厌洗心听。

经过转眼俱陈迹，多少高崖漫勒铭。

2019年第三届孔学堂·国学图书博览会在贵阳举办期间，我曾写过一篇文章《〈王阳明贵州诗译诠〉：了解阳明心学的一把钥匙》。我在文章里面发出过感叹："更让我感到十分惊奇的是，在贵州特别是贵阳，许多地名至今几乎没有什么变化，比如太子桥……头桥、二桥、三桥。"在这篇文章里，我也对头桥、二桥、三桥的历史和作用略有一点提及。

人生一世，草木一秋。其实与大自然的万事万物比起来，人实在是渺小无比。一棵树，它一秋之后紧接着一秋又一秋。一个人在世上只能仅此"一世"而已。物比人长寿，今天为大家介绍的王阳明笔下的头桥、二桥、三桥，五百年来沧桑如故，依然在我们的生活中鲜活存在，当时的贵阳人和王阳明怎么称呼它们，今天我们依然怎么称呼它们。

王阳明在贵阳时，交通甚为不便，北往四川，有关刀岩及鸦关所阻，羊肠小道步行困难。西去云南，出西门须沿着市西河岸先到头桥，再经二桥、三桥，才转入通滇大道。人们送别亲友赴滇川到头桥而止，桥头建有接官亭，为官府送往迎来之所。明弘治年间的《贵州图经新志》记载："通济桥，在治城西北二里。其桥有三，……皆宣德元年（1426）建。"清康熙年间的《贵州通志》也记载有"通济桥在府城西，一为头桥，一为二桥，一为三桥"。民国时期，向知方在《贵阳市志》中记载："通济桥在城西北五里，明宣德元年（1426）建，有头桥、二桥、三桥，今为滇黔公路所经"。也就是说，头桥、二桥、三桥合在一起并称为通济桥，是在公元1426年明朝宣德元年修建的，距离城中心约有一公里的路程。

这三座桥，到了近现代也同样见证着历史的沧桑。

有史料记载，民国初年在头桥桥头尚伫立一亭，名"山溪一曲亭"。亭柱上有一联，为陈冠山所题：

> 说一声去也，送别河头，叹万里长驱，过桥便入天涯路；
>
> 盼今日归哉，迎来道左，喜故人见面，握手还疑梦里身。

"入天涯路"者"去也"，"疑梦里身"者"归哉"，去者何时能再相见，所以才有这一声长叹；归者便是久别重逢，所以更有这满怀惊喜。一送一迎，便是人生。

在头桥的云贵山山头公园入口处，有一座四角亭，亭子面向公路，背靠青山。亭子中间立有一座汉白玉石碑，"浩然正气"四个大字格外醒目，是中共贵阳市委、贵阳市政府于1985年11月所立。碑文对卢焘的事迹作了简略纪述：

> 卢焘，广西人，追随孙中山参加辛亥革命，任过黔军总司令兼贵州省长，北伐后退居贵阳，致力

于西南的交通建设。为迎接贵州解放，保护国家和人民财产安全，他发起成立贵阳民众临时治安委员会，顶住国民党反动派的破坏。在贵阳解放前夕被国民党 89 军军长刘伯龙绑架在此杀害，时年 68 岁。

这里已经成为贵阳市文物保护单位和"爱国主义教育点"。

当年的夏日时光里，王阳明和他的学生们骑着马去送客人，沿途一路好风光，一路侃侃而谈，说"心即理"，道"知行合一"。此时此刻的王阳明没有了初到贵州时的困苦与交迫，阳明心学已开始显现威力，愉悦的心情跃然纸上，今天读来依然能让人会心一笑。后来不久，王阳明还围绕这三座桥写下三首诗，也是送客之作，从中我们能够深切感受到当年王阳明在龙场与贵阳往来的频繁，在贵阳如鱼得水般的生活，以及讲学传道的惬意。

而今，随着贵州交通基础设施的日新月异，贵阳早已不再是旧模样，头桥、二桥、三桥已被各式各样的城市立交桥所替代。

"他年贵竹传异事，应说阳明旧草堂。"王阳明围绕着三座桥写下的至少五篇诗作，如果能在头桥或者更合适的地方开辟一处，呈现昔日头桥、二桥、三桥风貌，历史沿革，旧闻典故，并把王阳明的这些诗作镌刻其上，必能为城市文化建设增光添彩，成为城市人文又一经典。

太子桥

乍寒乍暖早春天，随意寻芳到水边，

树里茅亭藏小景，竹间石溜引清泉，

汀花照日犹含雨，岸柳垂阴渐满川，

欲把桥名寻野老，凄凉空说建文年。

解读王阳明这首《太子桥》时，我怀着非常激动的心情。当年，说起来应该是 20 世纪 90 年代初，我在贵阳市太慈桥附近工作生活了四年多的时间。很多年过去了，我依然对这里怀着深深的敬意和无限的怀恋。

明正德四年（1509）春天，王阳明在贵阳文明书院传道讲授知行合一的时候，总是听到地方官员或诸生说到太子桥、建文帝之类，心里不禁想，这个太子桥在何处？又与建文帝扯上什么联系？于是一次课后，他"随意"来到距离文明书院大约四五公里的太子桥，要探个究竟。

太子桥果然名不虚传，小河流淌，风景优美，树里有景，竹间流泉，落日照两岸，垂柳正成荫。王阳明看到在河边散步的老农，便坐下来和"野老"闲聊拉家常，老人谈起太子桥就关不住话匣子。这个太子桥来历可不简单，民间流传着一个传说，说这桥是明建文帝朱允炆建的。明建文四年（1402），燕王朱棣举兵攻打南京，破城后，建文帝化装成和尚逃往贵州深山老林躲藏。那时小车河两岸山民生活不便，想架桥沟通东西，苦于经费困难一直不能实现，一过路和尚见此情况，自愿出钱帮助，待桥竣工之日，和尚突然不知去向，最后探知此乃建文帝朱允炆，为纪念他的功德，遂以"太子"为桥名。当时还说是为了掩盖建文帝行踪，故意将其讹传为"太慈桥"。

王阳明一边听着"野老"讲"野史"，一边想着这太"穿越"了吧！明洪武三十一年（1398）建文帝以皇太孙的名义继位，他的叔叔燕王朱棣在明建文四年（1402）举兵造反。史料记载，太慈桥于明弘治十八年

（1505）由太监杨贤筹建，建桥时距建文时已有百年，除非建文帝长命百岁，否则他建太子桥的故事就不可能成立。100多年后，明末游圣徐霞客经过这里，听到这个民间传说后也同样提出过质疑。王阳明听了"野老"们的故事，心中无限感慨。于是就借桥名和建文帝的往事，用一句"欲把桥名寻野老，凄凉空说建文年"抒发自己的感伤。

贵州学者、《王阳明贵州诗译诠》编者张清河先生在编译《太子桥》这首诗作时说，当年，建文帝被他叔叔朱棣推翻，朱棣疑心其外逃，派郑和七下西洋，就有要寻找并除掉这个心头隐患的用意。同时他的御用史官为了掩盖这段残暴篡夺的史实，竟然把朱元璋一共在位的"洪武"三十二年，延伸编造为三十五年，企图抹掉"建文"这个年号所占的四年时间。以这样的弥天大谎欺骗天下后世，表现了其极大的虚伪心和非正义的内心恐惧。而反对暴虐、同情仁厚和维护历史真实的一方，都乐于相信建文帝未死。于是他出家为僧的故事不胫而走，特别是有关他的栖隐之地的传说，遍及江南，而广西、云贵更是有他的处处踪迹。明朝后来的皇帝，也为他们祖宗的非义之举多感不安，曾数次想还原部分历史真相，到后期的万历朝，恢复了"建文"年号，崇祯时还想有进一步的拨正，但已为时过晚。

从《太子桥》这首诗的创作意图看，很显然王阳明是站在民意这一方的。自然，他对太子桥周边美景的描绘，对建文帝这位逊帝的踪迹是添色的。

"人事有代谢，往来成古今。"一座桥的前世今生见证着古往今来，叙说着民情民意。王阳明到贵阳的时候，太子桥就已存在；一百多年后，徐霞客经过这里，桥名与桥依然同在；四百多年后的今天，我们依然称其为太子桥。

南霁云祠：

为一代英雄致敬词

南霁云祠

死矣中丞莫谩疑，孤城援绝久知危。

贺兰未灭空遗恨，南八如生定有为。

风雨长廊嘶铁马，松杉阴雾卷灵旗。

英魂千载知何处？岁岁边人赛旅祠。

王阳明在写这首诗作时，想必从龙场阳明小洞天往返贵阳的文明书院向弟子们传道讲学不知多少次了，对贵阳这座山城已经非常熟悉。

这一次，当王阳明再次来到文明书院讲学后，终于能抽出时间到久已闻名的南霁云祠看看。在南霁云祠，王阳明时而手捋胡须，时而背手，时而低头，伫立沉思很久。陪着他前来的时任贵州提学副使席书，以及王阳

明的书童等一行人，都没敢大声说话，生怕打断先生的思路。伫立又伫立，徘徊又徘徊，王阳明到底在思考什么呢？似乎这首《南霁云祠》给了我们答案。

《南霁云祠》寄托了王阳明对戎马英雄南霁云的怀念和敬仰。让王阳明感慨的是，英雄人物过去了那么多年，在如此偏远的地方竟仍受到百姓的祭拜，真是不负忠魂！

南霁云祠位于今天贵阳市的中华南路，与贵阳市大十字挨得很近，也就是今天的达德学校旧址附近。南霁云生于唐玄宗先天元年（712），魏州顿丘（今河南濮阳市清丰县南寨村）人。史书上记载："（南）少微贱，为人操舟。"唐肃宗至德元年（756），安禄山三十万叛军攻睢阳（今河南商丘）。唐将张巡率三千人自雍丘（今河南杞县）驰援睢阳，与刺史许远合兵，共六千余人。张巡派南霁云突围至临淮，向御史大夫临淮节度使贺兰进明求援。贺兰进明唯恐张巡、许远的功劳超过自己，不肯出兵相救，强留南霁云饮宴，南霁云以前线部队断粮月余、不忍独食为由，拒绝饮宴，并当众斩下一手指，恳求贺兰进明发兵，而贺兰进明始终拒绝发兵。南霁云无奈只好赶回睢阳，临行时将箭射入佛寺浮塔的砖上发誓说："吾归破贼，必灭

贺兰！此矢所以志也。"睢阳被攻陷后，叛军威逼张巡投
降。张巡不屈服，随即被拉走，临刑时张巡对南霁云高喊
道："南八，大丈夫一死罢了，不能屈从不义的人！"南
霁云笑着回答说："我原想要有所作为。现在您说这话，
我敢不死吗？"张巡、许远、南霁云遂从容赴义。

南霁云祠始建于元代，贵州按察使王宪请于朝，列
入秩祀，并赐额曰"忠烈"，故改称忠烈宫。清同治版
《来凤县志》载："黑神庙，在元阜里后坪，祀唐睢阳殉
难南将军霁云。"

清光绪二十七年（1901），忠烈宫先易名为算学馆，
后改名为达德书社、民立小学堂，到民国元年（1912）
更名为达德学校。作为贵州最早的学校之一，达德学校
具有光荣革命传统，在贵州省反帝反封建的革命斗争中
起着积极作用，革命先烈王若飞、黄齐生，现代著名书
画家谢孝思都曾任教或就读于达德学校。1982 年 2 月经
贵州省人民政府批准，达德学校被列为贵州省重点文物
保护单位，如今已经成为爱国主义教育基地。

也许有人会问，南霁云这么一位中原人物，为什么
贵州人会放在黑神庙祭祀呢？其实不但我们会有这样的困
惑，估计当年王阳明伫立此地时也有这样的疑问。有论者

认为，南霁云的后代在贵州为官清正廉明，多善政，受到
人民爱戴，又为南霁云事迹所感动，就专门建造庙宇，供
奉香火。但王阳明抛开这些疑问，在伫立中沉思，在徘徊
中感慨，全诗金戈铁马，旌旗飞扬，把英雄的高大与雄
壮、悲凉与哀恨，后人的寄托与祈福，以及王阳明自己的
思念与追望，都在这首诗中淋漓尽致地体现出来。

先日与诸友有郊园之约
是日因送客后期小诗写怀

其一

郊园隔宿有幽期，送客三桥故故迟。

樽酒定应须我久，诸君且莫向人疑。

同游更忆春前日，归醉先拼日暮时。

却笑相望才咫尺，无因走马送新诗。

其二

自欲探幽肯后期，若为尘事故能迟。

缓归已受山童促，久坐翻令溪鸟疑。

竹里清醅应几酌，水边相候定多时。

临风无限停云思，回首空歌伐木诗。

其三

三桥客散赴前期，纵辔还嫌马足迟。
好鸟花间先报语，浮云山顶尚堪疑。
曾传江阁邀宾句，颇似篱边送酒时。
便与诸公须痛饮，日斜潦倒更题诗。

王阳明所说的郊园在哪里？现在已经不得而知。可以肯定的是不在城区，在城区就不能称之为"郊园"了，但又比三桥距离城区近些，这个地方应该是一个环境宜人、景色优美的地方。前一天，王阳明和友人们相约后天一起到这个郊园聚一下，喝酒聊天诗词唱和一番。然而，到了这天王阳明却因一个好友离开贵阳去相送而迟到，"后期"就是迟到之意。于是才有了这三首说明"后期"原因、深感歉意、开怀痛饮的诗作。

贵阳的头桥、二桥、三桥统称为通济桥，所谓通济，即"所通者远、所济者博"。本篇解读，我想说说王阳明"喝酒"。

樽酒、归醉、几酌、送酒、痛饮，是这三首诗作中突出王阳明爱酒的几个关键词，如果再联系王阳明此前此后的其他诗作，我们完全可以得出这样一个结论：王阳明果然是性情中人，像陶渊明、李白一样都非常喜欢喝酒，每喝必"痛饮"和"题诗"。

我在翻阅《王阳明贵州诗译诠》一书时，王阳明提到的与饮酒有关的诗句占据不少篇幅。比如，他在《初至龙场无所止结草庵居之》中写道："污樽映瓦豆，尽醉不知夕。"居住环境虽然有点恼火，但酒却不能不喝；在《西园》中写道："起来步闲谣，晚酌檐下设。尽醉即草铺，忘与邻翁别。"又一次喝醉，还忘记与陪他喝酒的当地老翁道别；在《诸生》中写道："有琴不肯弹，有酒不肯御。"正话反说，其实还是在继续一杯又一杯；在《次韵胡少参见过》中写道："旋管小酌典春裘，佳客真惭竟日留。"忽然听到"吴语"乡音，引起万千愁绪，酒是最好的催化剂；在《次韵送陆文顺佥宪》中写道："杯酒豫期倾盖日，封书烦慰倚门情。"老乡回家相送，自然离不开把酒话别。

如果翻看《王阳明诗集全编》，那里面同样是酒香扑面，浓郁热烈，只读诗句就能让你醉倒在王阳明的诗篇里。

那么，王阳明在贵州谪居期间，和当地官员、学生以及好友们喝的是什么酒呢？

据考证，明清时期，贵州民间酿酒现象非常普遍，酒的品种繁多，按制造方法分类，大致可分为酿造酒、蒸馏酒和配制酒三大类，酒类品种也非常丰盛，诸如烧酒、黄酒、葡萄酒等，当时的贵州都能生产，同时贵州当地也有不少土酒，如咂酒、女酒、窨酒、刺梨酒等。

专家考证认为，有明一代，贵州酿酒呼声最高的酒类是黄酒，贵州人通称为"春酒"。明万历年间，帅机出任贵州思南知府，汤显祖就为之写下了《春酒篇寄帅思南》一诗："黔中徼外若椒兰，何如汉暑老祠官。……眼中人物怅春杯，定解春池倒载回。况复南中多酝法，无事东朝给酒媒。"明人谢三秀在《城南江亭学使壁哉韩公邀同参知大函》一诗云："空亭留谦言，山床压春酒。"清初田雯任贵州巡抚时有"我唯一看一回醉，消尽瓶中曲米春"的诗咏，这说明直到清朝时期，春酒在贵州仍有着一定规模的市场。

今天我们称为白酒的，过去叫作蒸馏酒，是从七百多年前的元王朝开始的。贵州到清朝时期开始大规模酿造白酒，特别是自清朝中期，外地酒工多下黔中，纷纷看中贵州的地理环境，与当地人相配合，生产出别具风味的贵州烧酒。在贵州烧酒中，"茅台"率先崭露头角。

茅台酒的历史更加悠远久长。《史记·西南夷列传》中记载："建元六年（前135），大行王恢击东越，东越杀王郢以报。恢因兵威使番阳令唐蒙风指晓南越。南越食蒙蜀枸酱，蒙问所从来，曰：'道西北牂柯，牂柯江广数里，出番禺城下。'蒙归至长安，问蜀贾人，贾人曰：'独蜀出枸酱，多持窃出市夜郎。'"番阳县令唐蒙出使南越国，南越王以枸酱盛情款待，枸酱传至汉朝皇室，汉武帝饮后赞其为"甘美之"，并将枸酱酒定为贡品。汉武帝时期南越国所进贡枸酱是茅台酒的雏形，也是酱香型白酒的前身。

茅台酒最初酿成于仁怀城西的茅台村，名曰"茅台烧"，又称"茅台春"。清代云贵总督吴振棫在《黔语》记载："滨河土人，善酿茅台春，极清冽。"这是最早见之于方志史籍的茅台酒。道光《遵义府志》卷十七《物产志》记载："黔人又通称大曲酒，一曰茅台烧。"《遵义府志》始纂于道光十八年（1838），历时三年完成，成书四十八卷，八十余万字。1843年，清代诗人郑珍咏赞茅台"酒冠黔人国"。

　　且不管王阳明他们到底喝的什么酒，说不定其中就有枸酱酒，或者米酒、刺梨酒之类的，又或是"贵州名酒 biangdang 酒"，还是留给专家们去研究吧。

　　行文至此，给这篇小文作个小结。一是通过王阳明的这些诗作，我们知道王阳明也是凡人，热爱饮酒，高兴时以酒助兴，忧愁时借酒浇愁，劳累时喝酒解乏，无聊时饮酒自乐。但区别是，在王阳明心里每个人又都是"圣人"，人人皆有良知，皆有善根，只要常修习，几与圣人无异矣。二是我国酿酒历史源远流长，贵州地区自古就享有酿酒盛名，王阳明被贬谪贵州，当地群众性情质朴实在，王阳明得以好好生存，酒也在其中发挥了重要作用。

白云堂：迁客从来甘寂寞

白云堂

白云僧舍市桥东，别院回廊小径通。

岁古檐松存独干，春还庭竹发新丛。

晴窗暗映群峰雪，清楚长飘高阁风。

迁客从来甘寂寞，青鞋时过月明中。

　　有别院、有回廊、有小路、有高阁的贵阳白云堂今在何处？

　　白云堂的具体位置已无从可考，然而从诗句字里行间所透露出的一些信息，我们还是能探寻到一些蛛丝马迹。首先我们可以肯定的是，白云堂不在龙场。如果在龙场的话，王阳明刚到龙场时，就不会凄惨得没有地方住，只能搭草庵、住山洞，而是可以在白云堂这个庙里暂且栖身，至少不受风雨之寒苦。那么，白云堂会在什么地方呢？最有可能的就是在贵阳市区里面。

这天晚上，王阳明趁着月光正明，可能是酒后，漫无目的地走进白云堂闲逛，身心皆轻松。首句说白云堂这个僧舍的地理位置，在市桥的东面，由此我们可以判断出，这个市桥应该距离文明书院很近，那是不是忠烈桥呢？很有可能。该诗创作时间应该是在元宵节之后，这个我们从他《居夷集》对诗作的排列顺序上可以看出。也就是说，王阳明在龙场度过元宵节后不久又一次到贵阳文明书院讲学，讲学的当天晚上溜达到贵阳街头，走进白云堂后，创作了这首诗，同时也对"知行合一"这个哲学课题有了更深层的感悟和理解。

随着悟道的深入，王阳明的思想认识又上了一层。这首诗作没有表现出被贬谪后的感伤情怀，甚至过去诗作中常常出现的愤懑、抱怨、孤苦、寂寥、归隐等字眼一扫不见，反而表现出一种洒脱和清迈，一句"迁客从来甘寂寞"表达了王阳明此时此刻的心境。

然而，王阳明为什么会有"迁客从来甘寂寞"这样的心境呢？我们知道，王阳明龙场悟道之后，对世界的认识、对人生的看法、对未来的思考，特别是对自身的遭遇，都已经与悟道之前有了天翻地覆的变化，人生天地之间有责任在肩，践行知行合一方能“人间不白走一遭”，走出“小我”成就“大我”，立德立功立言。

或许这一天王阳明给学子们讲得非常投入和兴奋，或许这一天学子们听得认真启发很大，也或许这一天王阳明与毛科他们畅饮得痛快，回到住处后依然不能入睡，就干脆来到不远处的白云堂走走看看。他看到月光下参天的松柏，竹丛中新长出的竹笋，远处群峰上的皑皑白雪，还有高阁里飘出来的念佛声。在这个宁静的春夜，王阳明青鞋布袜地在月光下漫步，似乎对知行合一又有了更深的领悟。

“风物长宜放眼量”，这是毛泽东说的。人生之路漫长，既不能为物所困，更要善于不为困所困，心胸开阔豁达一些。还有唐代诗人刘禹锡，也是一位豁达之人，白居易和他相见喝酒劝慰时，喝醉了的白居易对刘禹锡说：“为我引杯添酒饮，与君把箸击盘歌。诗称国手徒为尔，命压人头不奈何。举眼风光长寂寞，满朝官职独蹉跎。亦知合被才名折，二十三年折太多。”表达了白居易对刘禹锡被朝廷“折太多”的感慨。但刘禹锡却依然豁达坚韧、昂扬乐观，酬和而歌：“巴山楚水凄凉地，二十三年弃置身。怀旧空吟闻笛赋，到乡翻似烂柯人。沉舟侧畔千帆过，病树前头万木春。今日听君歌一曲，暂凭杯酒长精神。"所以刘禹锡敢于写出："百亩庭中半是苔，桃花净尽菜花开。种桃道士归何处？前度刘郎今又来。"这样豪情冲天的诗句来。由此，王阳明不无感慨地说："古人先已得吾心。"

月夜中漫步的王阳明想到了白居易，想到了刘禹锡，脑海中似乎还再现了他在朝中时的上书言事，入狱被严刑拷打和流放以来的种种遭遇。不过这些都无所谓了，龙场玩易窝的雷雨一夜，阳明心学横空出世。站在人类思想史的高度来看，那些遭遇又算得了什么呢！

"迁客从来甘寂寞"。至于后来，王阳明说："他年贵竹传异事，应说阳明旧草堂。"历史的发展果然如其所料，不赘言矣。

城南蔡氏楼：

守得『云开见明月』

将归与诸生别于城南蔡氏楼

天际层楼树杪开，夕阳下见鸟飞回。

城隅碧水光连座，槛外青山翠作堆。

颇恨眼前离别近，惟余他日梦魂来。

新诗好记同游处，长扫溪南旧钓台。

明正德四年（1509）闰九月，三十九岁的王阳明守得"云开见明月"，终于流放期满，结束贬谪生涯，由龙场驿丞调任江西庐陵县知县。

王阳明看到调令时，距离发出时间已经过去了好几个月。王阳明马上收拾个人物品，匆匆忙忙开启行程。到达贵阳后，在蔡氏楼歇脚一宿，这才有了这首《将归与诸生别于城南蔡氏楼》。

当然，蔡氏楼现在的具体位置已不可考，但从标题上我们可以看出在贵阳城南，这也是当时从南边进出贵阳城的官道。同时，从诗句中描述的情景来看，"城隅碧水光连座，槛外青山翠作堆"，城隅的碧水和尾联中的"溪南"，当指贵阳市的母亲河——南明河无疑，分析认为，蔡氏楼应该在南庵（翠微园）的下游不远处。21世纪初以来，贵阳市的扩张速度大大提升，规模不断扩大，进出贵阳城的道路也一条又一条密集了起来。第二天，王阳明离开蔡氏楼继续向南前往龙里，走的应该就是现在油榨街、龙洞堡至龙里一线。

那么为什么王阳明非要走得这么匆忙呢？既然到了贵阳，为什么又仅在蔡氏楼和几位学生兼朋友匆匆话别呢？

中国有句古话：好事赶紧，夜长梦多。因为他得到调令的时候，大太监刘瑾还没有倒台，还在耀武扬威，明里暗里阴招不断，想收拾哪个就收拾哪个，想让谁倒台谁就马上倒台，想让谁进大牢那就不能等到第二天。想想在这样一个环境中，以王阳明的性格和对形势的判断，就必须得立即动身。否则，刘瑾一伙不知道又会生出什么幺蛾子来，那样反而更麻烦。这种十万火急的情形，在他的《镇远旅邸书札》中也得到了充分印证，一是走得实在匆忙，向学生和朋友致歉；二是很多事情都来不及处理，让留下来善后的仆人王祥处理等等。

其实，离开贵州地界之后，王阳明反而一点都不着急了。他是在离开贵州的几天后，在沅江船上度过这一年除夕的。他在《舟中除夕二首》中的诸多感慨，读来令人动容。

随后不长时间，船行到沅陵。在沅陵，王阳明还向几位熟识的年轻学子讲学，传授静坐要领，盘桓了好几天才又从容不迫地向庐陵而去，这一路又是将近两个月的时间，慢慢悠悠，不急不缓地，直到三月才到达庐陵。这就像当初他来贵州一样，先回浙江老家待了一年后，才来的贵州。

附

舟中除夕二首

王阳明

其一

扁舟除夕尚穷途，荆楚还怜俗未殊。

处处送神悬楮马，家家迎岁换桃符。

江醪信薄聊相慰，世路多歧谩自吁。

白发频年伤远别，彩衣何日是庭趋？

其二

远客天涯又岁除，孤航随处亦吾庐。

也知世上风波满，还恋山中木石居。

事业无心从齿发，亲交多难绝音书。

江湖未就新春计，夜半樵歌忽起予。

汪氏园：

人生当自信　虚白自生光

夜宿汪氏园

小阁藏身一斗方，夜深虚白自生光。

梁间来下徐生榻，座上惭无荀令香。

驿树雨声翻屋瓦，龙池月色浸书床。

他年贵竹传遗事，应说阳明旧草堂。

汪氏园具体在今贵阳市的哪个地方，已经无从可考。有专家认为，汪氏园应该是王阳明的学生汪原铭家族的宅园。在离开贵阳到镇远给龙场旧友门生的一封告别书信中，王阳明前后两次提到"汪原铭"，"汪原铭合枳术丸乃可""汪原铭……列位秋元贤友，不能尽列，幸意亮之"。不过汪氏园到底在哪里，是谁的？已经不重要了。重要的是，王阳明在汪氏园一夜，把阳明心学这个伟大的哲学命题及其价值意义，思考得非常透彻，也非常自信。

这天晚上，王阳明在汪氏园的一间小小客房内，夜深人静，独处一隅，自比徐生。在这安安静静的时刻，王阳明内心并不平静，正如诗中"驿树雨声翻屋瓦"，撼树的风雨把屋顶的瓦片都掀翻在了地上。这个时候，他看似静坐发呆，脑海里却像电影回放一样，从他上书言事到受罚入狱，从千里逃难到险被残害，从一路颠沛流离到看到龙场驿几乎无存，从搭草庵到住东洞，从种菜务农到给诸生讲习，从石棺石破天惊到贵阳文明书院。这一路走来，吃尽多少苦头，受尽多少磨难？此正所谓：功不唐捐，玉汝于成！

困苦和艰难，不过一片浮云！"险夷原不滞胸中，何异浮云过太空！夜静海涛三万里，月明飞锡下天风。"这是王阳明《泛海》的诗句，大气雄浑，志存高远。南京师范大学教授郦波在其《心学的诞生》一书开篇就引用这首诗，并说："这首看上去极为普通的七言绝句之所以广为传诵，是因为它完完全全、彻彻底底自'百死千难中来'！"

"人人自有定盘针，万化根源总在心。却笑从前颠倒见，枝枝叶叶外头寻。"一个人在最艰难困苦的时候，耐力和定力就显得尤为重要。不论多么艰难困苦，遭受多少挫折磨难，不管它惊涛骇浪，不管它明枪暗箭，也不管它得势失势。王阳明都始终秉持一颗光明的心，只要"此心光明"，那些又都算得了什么呢！如今回过头来看，那些困厄真的不算什么！

王阳明的这首诗历来得到阳明心学研究者的高度关注和重视，有学者认为，这是王阳明在"困厄"之中对"心即理"必将成为重大命题的宣言。事实也果然如此，王阳明在龙场、贵阳的讲学得到了广泛认同和接纳。他无比自信地认为，"心学"诞生在"阳明旧草堂"是一件非同寻常的大事，将来必将会得到更加广泛的传播和弘扬。不管用阳明心学也好，提倡"知行合一"也罢，都不能绕开"贵筑"（贵阳），更不能绕开王阳明在修文龙场悟道和讲学的"草堂"。

阳明心学光万丈，山河大地拥清辉。

南庵：王阳明笔下的贵阳风光

南庵次韵二首

其一

隔水樵渔亦几家，缘冈石路入溪斜。

松林晚映千峰雨，枫叶秋连万树霞。

渐觉形骸逃物外，未妨游乐在天涯。

频来不用劳僧榻，已僭汀鸥一席沙。

其二

斜日江波动客衣，水南深竹见岩扉。

渔人收网舟初集，野老忘机坐未归。

渐觉云间栖翼乱，愁看天北暮云飞。

年年岁晚长为客，闲杀西湖旧钓矶。

　　翠微园的名字比较多，除南庵外，不同历史时期其称谓也不一样，比如原名是观音寺，后来又被称为圣寿寺、武侯祠、水月庵等。1990 年起，贵阳市人民政府重新修复后，命名为翠微园。

　　王阳明被贬谪到贵州龙场的时候，翠微园的名字叫南庵。南庵是不是翠微园最早的名称？有的专家说是，有的专家说不是，莫衷一是，暂且不管。翠微园的称谓，在史书上大多能找到出处和佐证，这里我罗列一下，供诸君了解。

　　"南庵"的佐证，除了王阳明的诗作之外，更早是在明朝宣德年间，翠微园已经有了南庵的称呼。明代贵阳人王训有《咏南庵》："净度招提旧结茅，地偏应不近尘嚣。山腰倒接城边路，水口斜通阁外桥。"王训是明朝宣德年间举人，终官为贵州卫学教授，是贵州文教开创者之一，被后来的西南大儒莫友芝称为明代贵州诗坛"开草昧之功"第一人。

　　弘治《贵州图经新志》，把翠微园称为圣寿寺，并对翠微园所在地点以及周围环境都作了非常细致的描述，原文："圣寿寺在治城南门外，霁虹桥之东，旧名南庵。前俯清潭，后负崇冈，群峰列巘，左右环绕，草木竹石，杂置错陈。论者谓郡中诸寺据高阜之胜者，莫如永祥；而得山水之胜者，莫如此焉。"

嘉靖《贵州通志》中把翠微园称为"武侯祠"，书中这样记载："武侯祠在治城南门外，旧圣寿寺。正德间，巡按贵州监察御史胡琼改为武侯祠。"成书于明朝万历年间的《黔记》中亦称之为"武侯祠"，原文："武侯祠前有涵碧潭，即南明河之流，汇而为潭，涵碧莹澈，深不可测。渔舟往来，岸木荟蔚。"

乾隆《贵州通志》同样把翠微园称为"武侯祠"，书中这样记载："在府城外东南隅。明万历时建，祀诸葛武侯。明末毁，后迁至涵碧潭东北。康熙二十八年，巡抚田雯增修，雍正七年，复建于城南旧址，额曰'丞相祠堂'。"

同样是在清朝，翠微园又被称为"水月庵"，莫友芝在《黔诗纪略》卷一之《南庵》一首后解释说："南庵在贵阳城东南，当即今水月庵。"刘子元秉仁《武侯祠碑记》云："南崦故有祠，祀侯。前挹郡城，下瞰渔矶，烟水飘渺。"王阳明有《南庵次韵》二律诗，今《贵州省志》题作《武侯祠》，知祠址旧在庵中也。霁虹桥在城南，跨南明河。明永乐二年（1404）镇远侯顾成建。

这里需要多说两句的是，翠微园在明朝时就有"武侯祠"的称谓。据史载，武侯诸葛亮曾南征入黔，有开化之功，后人建祠纪念之，而祠址便在南庵之中。

王阳明被贬谪贵州龙场，随着时间的推移，特别是龙场悟道之后，他往返贵阳和龙场讲学的次数非常多，讲学之余与当时贵州官员游历山川胜景，诗词酬和，自在情理之中。《南庵次韵二首》就是王阳明在与友人游览南庵之时的唱和之作，诗作对贵阳的秋景进行了极尽的赞美。

南庵作为当时贵阳的风景名胜区，自然吸引众多文人墨客前去游览，并咏诗以纪之。在嘉靖《贵州通志》"武侯祠"词条下，收录有清戎御史席春记、副使刘瓒记，以及巡抚都御史熊一潢诗、阳明王守仁诗、王训诗、巡按御史王杏诗、副使蒋信诗、巡抚都御史刘大直诗等，这些诗文都对翠微园不吝赞美。

易氏万卷楼：

易贵的万卷楼和点易岩

夏日登易氏万卷楼用唐韵

高楼六月自生寒，沓嶂峰回拥碧阑。

久客已忘非故土，此身兼喜是闲官。

幽花傍晚烟初暝，深树新晴雨未干。

极目海天家万里，风尘关塞欲归难。

王阳明在这首诗的题目中点明了写作的地点——贵阳易氏万卷楼，时间在首句也直接写出——夏日六月。

先从题目说起，谈一谈贵阳易氏万卷楼。在弘治《贵州图经新志》中，有关于万卷楼的记载："万卷楼 在治城北，郡人知府易贵建以藏书。"易氏万卷楼位于贵阳北门，也就是今天贵阳市喷水池附近，为贵阳文化世家易氏家族的藏书楼，在明代这座楼是贵阳的标志性建筑之一，不过现在早就不复存在。而建造万卷楼的主人值得我们多多了解，并予以致敬。

建楼者，易贵也，字天爵，明代贵州文教开创者之一，经学家，终官湖广辰州知府，贵州宣慰司所辖的贵竹长官司（今贵阳市花溪区）人。易贵自幼"博览群籍，学问淹通。善为文，叙事尤为通达"。明景泰五年（1454），中二甲第二名进士，这对于当时的西南贵州来说，可算是一件"破荒南国"的大事，士林为之震惊。

易贵为人，一身正气，清正廉洁，办事认真负责。他高中进士后不久晋升为湖广辰州（今湖南沅陵）知府，到任后"崇学校，恤民隐，遇事明而能断，不怵于势利，有古循吏风"。在沅陵知府任上，易贵尊师重教，制礼作乐，修学宫编志书，使辰州地方民众始知礼乐，风气大开，风俗丕变。《贵州二百历史名人传》中还记述有一段关于易贵修建辰州学宫后的趣事。清道光十二年（1832），距离易贵修建学宫的三百六十二年后，被誉为"西南巨儒"遵义沙滩文化传人的莫友芝，离开贵州出游，路经辰州。时辰州正在维修学宫正殿，陈设的先师孔子以及"四配""十哲"，都是原有旧像。当时校官诸生还检点各种礼器，安置在庭庑之中。莫友芝来旅览学宫，校官等人得知其是黔人，大喜过望，立即指所设圣贤像和各种礼器旧物，对莫友芝说："此君乡先生天爵易公遗也。"而且还说："易公知辰州时，教育士子，抚驭民众，一如家人之父子。凡民有曲直前往投诉，一言便可定其是非，曲直即可决断，案牍从无留存者。"有明一代，辰州守令堪称循吏者，绝无有能超过易公的。这是三百多年后，辰州士人对易贵的最为公允而客观的评价。后来莫友芝在《黔诗纪略》中记叙其事，并发出这样的赞叹："余三百年而循泽称道不衰，经术入人之深，诚非一切之所能及也。"

后来易贵以年老为由辞官归里后，在贵阳北门构筑别业，首建藏书楼，将原家中万卷藏书珍藏于内。从此，易贵闭户著书十余年才谢世。在对儒家众多经典的研究中，易贵尤精于《易经》的研究，著有《诗经直指》十五卷、《易经直指》十五卷、《竹泉文集》十五卷。天气晴朗之时，易贵常常在藏书楼附近的岩谷之间漫步，并钻研点评《易经》，后来人们把这个地方称之为"点易岩"，竟成为贵阳的一处名胜古迹。

然而，随着明朝末期社会动荡，水西安氏围攻贵阳省城，易贵辛苦构建的万卷楼也灰飞烟灭，不复存在。

点易岩也随着社会发展，成为一个只能在史籍中看到的历史符号。不过，易贵开启黔中研治经术之风的功绩，却光耀后世永不磨灭。莫友芝在《黔诗纪略》中这样赞誉："并明一代，贵州文教鼻祖，其（易贵）开创之功，不在道真（即尹珍）、长通（即盛览）下。"

王阳明夏日登易氏万卷楼，在追思"贵州文教鼻祖"易贵"刚正不阿，不怵于势利，有古循良风"，以及为贵州开创文教之风的丰功伟绩的同时，也自然会结合自身的经历和遭遇，联想到范仲淹的《岳阳楼记》，虽然没有像范仲淹发出"登斯楼也，则有去国怀乡，忧谗畏讥，满目萧然，感极而悲者矣"的感慨，但这首诗让我们看到了他"久客"的"闲官"，"家万里"而"欲归难"的愁思。

王阳明在易氏万卷楼上极目远眺，看清了自己的身份，更明白自己的处境，《夏日登易氏万卷楼用唐韵》这首诗忠实地记录他的生活景象和复杂的内心世界。

庭蕉：王阳明笔下的『爽爽贵阳』

书庭蕉

檐前蕉叶绿成林，长夏全无暑气侵。

但得雨声连夜静，不妨月色半床阴。

新诗旧叶题将满，老芟疏梧根共深。

莫笑郑人谈颂鹿，至今醒梦两难寻。

　　庭蕉，是哪个地方的庭蕉？王阳明没有写，大概率应该是在贵阳文明书院内。当时王阳明经常被邀请去讲学，贵阳的夏天又是那么凉爽，去讲学的次数会更多一些。有一次讲学后的晚上，王阳明在书院内休息，窗外雨打芭蕉，这雨是雷阵雨，下一会儿就停了，月亮也从来仙洞那边升了起来，透过窗棂照着半边床。这样的夏夜，十分舒坦，尤其是在贵阳。

现在大家都知道"爽爽的贵阳",据说"爽爽贵阳"这个雅号还和王阳明有着些许的关系。

"壮思风飞冲情云上,和光春霭爽气秋高。"这副楹联源出龙场,表达了王阳明站在龙冈山头的心境。在贵阳市云岩区螺蛳山路旁的阳明祠内,右手边阳明先生祠的内殿堂中有王阳明汉白玉坐像,两侧是王阳明手书的这幅木刻楹联。这就是"爽爽贵阳"雅号的典故来源,21世纪初以来,歌曲《爽爽的贵阳》到处传唱,进一步加深了人们对"爽爽贵阳"这一雅号的认可度。

王阳明在贵州两年多的时间里,创作了诸多诗文,收录在他的《居夷集》里。在这些诗作中,王阳明对贵阳的良好生态和气候的凉爽宜人有不少经典描述。

在《书庭蕉》中,王阳明静坐在贵阳文明书院的客房里,看着门前"绿成林"的蕉叶,感受着"长夏全无暑气侵"的凉爽,在诗意盎然中忘却了贬谪之身。

在《夏日登易氏万卷楼用唐韵》中,王阳明说贵阳的天气是"高楼六月自生寒""深树新晴雨未干",对贵阳夏天的凉爽称赞有加。

在《徐都宪同游南庵次韵》中,王阳明与巡按贵州的御史徐文华同游南明河畔的南庵,也就是今天的翠微园，诗中写道"岩寺藏春长不夏"，这里像永远没有夏天一样，"林影浮空暑气高"，炎热的暑气都被挡在了浮空的林影之上，实在是一个难得的避暑之地。

在《夏日游阳明小洞天喜诸生偕集偶用唐韵》中，王阳明用"云里高崖微入暑，石间寒溜已含秋"来描写龙场的天气，云里高崖上刚刚进入暑天，这里却已是凉风习习，就像进入了秋天一样。

"冬尽西归满山雪，春初复来花满山。白鸥乱浴清溪上，黄鸟双飞绿树间。"这是王阳明《春行》中的诗句，画面感极强，山花浪漫，鸟语花香，白鸥戏水，黄鸟双飞，生动地描写出了贵阳优美的生态环境，令人无限向往。

"松林晚映千峰雨，枫叶秋连万树霞。"这是王阳明在《南庵次韵二首》中对贵阳优美风景和生态环境的赞美，在美如画的贵阳南明河畔与友人赏玩风光、游憩赋诗，不似江南，胜似江南。

在王阳明的笔下，这样的诗句不胜枚举。比如，"城隅碧水光连座，槛外青山翠作堆"（《将归与诸生别于城南蔡氏楼》），"白云冉冉出晴峰，客路无心处处逢"（《白云》），"绝壁千寻凌杳霭，深崖六月宿冰霜。"（《龙冈漫兴五首》),"溪深几曲云藏峡,树老千年雪作花"
(《陆广晓发》),等等。贵阳的生态之美、气候之爽、山
水之乐,尽在王阳明笔下得到一一呈现。

"壮思风飞冲情云上,和光春霭爽气秋高"。大自然
对贵阳格外偏爱、不吝馈赠。盛夏时节的贵阳,没有骄
阳似火,唯有凉意满怀。王阳明的这副楹联,在表达他
个人心境的同时,也把贵州的气候描写得淋漓尽致。有
学者这样释义这副楹联:贵州降雨充沛,却又地处高原,
且是喀斯特地貌,雨水渗透快,一旦温度变化,又形成
雾气升腾,云蒸霞蔚,恍若人间仙境。一年四季都沐浴
柔和的光辉,如同春天的云气。于是乎,"爽爽贵阳"的
雅号越叫越响,成就了贵阳蜚声中外的避暑美誉。

龙里道中：
王阳明为什么让学生们『砭愚订顽』？

诸门人送至龙里道中二首

其一

蹊路高低入乱山，诸贤相送愧间关。
溪云压帽兼愁重，峰雪吹衣著鬓斑。
花烛夜堂还共语，桂枝秋殿听跻攀。
相思不作勤书札，别后吾言在订顽。

其二

雪满山城入暮关，归心别意两茫然。
及门真愧从陈日，微服还思过宋年。
樽酒无因同岁晚，缄书有雁寄春前。
莫辞秉烛通宵坐，明日相思隔陇烟。

　　从贵阳到龙里，以当时的道路状况和交通条件来看，只用一天时间是非常吃紧的。头一天王阳明从龙场到贵阳城南蔡氏楼后，与学生们把酒话别，"颇恨眼前离别近"。然而形势和时间不等人，不能不抓紧赶路。第二天一大早，王阳明就在几个学生的送别下，从贵阳启程前往龙里。就这样紧赶慢赶，直到傍晚时分才"雪满山城入暮关"，赶到了龙里。

　　龙里，现在隶属黔南州，明朝时龙里的行政机构名称是龙里长官司，这还是元朝时朝廷在西南少数民族地区设置的地方政权机构。到了明、清两朝依然沿用元朝旧称，只作为土官世袭的地方政权。民国三十年（1941）实行新县制时，龙里是贵州第二批实施新县制的县份。明朝关于龙里的设置记载，嘉靖《贵州通志》中记载的是："元为龙里县，隶大龙番应天府安抚司龙里州，寻改龙里等处蛮夷军民长官司，分合龙等处地亦置长官司。洪武五年，复合置龙里长官司，及改隶焉。"乾隆《贵州通志》中的记载是："龙里县，元置龙甲州……。明洪武二十三年改龙里卫……。国朝因之，康熙十一年改卫设县。"

　　王阳明的这两首诗，充满着离别的愁绪，但却伤别而不哀怨，词情深婉，意境开阔，给人以昂扬向上之精神。在龙里的这一晚，他和学生们在烛光下促膝长谈，把酒话别，希望学生们更加努力，早日应试高中"折桂"，"我们这一别，不知何时才能相见"，但只要常修心学，就能化解思念、端正认识、解疑释惑。

在这两首诗中，王阳明还使用孔子与学生困于陈和过宋的典故，来感叹他和学生们在龙场这两年的经历和遭遇。使用宋代张载窗户题字的典故，激励学生们要好学深思，开启心智，拨开迷雾，求得真知。"及门真愧从陈日，微服还思过宋年"，当年孔子带着学生周游列国，受困于陈国。王阳明用此典的意思是，他的学生在他最为困难的时候也像孔子的学生那样，一直跟随着他。王阳明说到孔子为隐蔽身份换成平民服装经过宋国的时候，宋国的司马桓魋"以小人之心度君子之腹"，认为孔子到宋国对他的地位造成了威胁，就想把孔子杀死，其实孔子本人没有桓魋的那种想法，只是经过宋国而已。面对司马桓魋的挑衅滋事，孔子坦然面对，从容不迫地说："天生德于予，桓魋其如予何？"王阳明用此典是比喻他来贵州所遭受的各种安全威胁。

至于王阳明在诗里使用张载的典故，那是他对学生们的安慰和鼓励。宋代大学者张载，也就是提出"为天地立心，为生民立命，为往圣继绝学，为万世开太平"这"横渠四句"名言的张载。为了勉励自己的学生勤奋好学，张载曾在书房的窗户上题字，左面题的是"砭愚"，右面题的是"订顽"。

如何才能"砭愚订顽"？王阳明在《教条示龙场诸生》已经说得非常明了：以四事相规，一曰立志，二曰勤学，三曰改过，四曰责善，还有就是要做到"致良知"，自始至终践行"知行合一"。后来事实证明，学生们践行阳明先生的教诲，黔中王门兴起，黔学蔚为大观，强有力地推动了贵州经济发展和文化进步。

附

教条示龙场诸生

王阳明

诸生相从于此，甚盛。恐无能为助也，以四事相规，聊以答诸生之意：一曰立志；二曰勤学；三曰改过；四曰责善。其慎听毋忽！

立志

志不立，天下无可成之事，虽百工技艺，未有不本于志者。今学者旷废隳惰，玩岁愒时，而百无所成，皆由于志之未立耳。故立志而圣，则圣矣；立志而贤，则贤矣。志不立，如无舵之舟，无衔之马，漂荡奔逸，终亦何所底乎？昔人有言，使为善而父母怒之，兄弟怨之，宗族乡党贱恶之，如此而不为善可也；为善则父母爱之，兄弟悦之，宗族乡党敬信之，何苦而不为善为君子？使为恶而父母爱之，兄弟悦之，宗族乡党敬信之，如此而为恶可也；为恶则父母怒之，兄弟怨之，宗族乡党贱恶之，何苦必为恶为小人？诸生念此，亦可以知所立志矣。

勤 学

已立志为君子，自当从事于学。凡学之不勤，必其志之尚未笃也。从吾游者，不以聪慧警捷为高，而以勤确谦抑为上。诸生试观侪辈之中，苟有虚而为盈，无而为有，讳己之不能，忌人之有善，自矜自是，大言欺人者，使其人资禀虽甚超迈，侪辈之中，有弗疾恶之者乎？有弗鄙贱之者乎？彼固将以欺人，人果遂为所欺，有弗窃笑之者乎？苟有谦默自持，无能自处，笃志力行，勤学好问，称人之善，而咎己之失，从人之长，而明己之短，忠信乐易，表里一致者，使其人资禀虽甚鲁钝，侪辈之中，有弗称慕之者乎？彼固以无能自处，而不求上人，人果遂以彼为无能，有弗敬尚之者乎？诸生观此，亦可以知所从事于学矣。

改 过

夫过者，自大贤所不免，然不害其卒为大贤者，为其能改也。故不贵于无过，而贵于能改过。诸生自思平日亦有缺于廉耻忠信之行者乎？亦有薄于孝友之道，陷于狡诈偷刻之习者乎？诸生殆不至于此。不幸或有之，皆其不知而误蹈，素无师友之讲习规饬也。诸生试内省，万一有近于是者，固亦不可以不痛自悔咎。然亦不当以此自歉，遂馁于改过从善之心。但能一旦脱然洗涤旧染，虽昔为寇盗，今日不害为君子矣。若曰吾昔已如此，今虽改过而从善，将人不信我，且无赎于前过，反怀羞涩疑沮，而甘心于污浊终焉，则吾亦绝望尔矣。

责善

责善，朋友之道，然须忠告而善道之。悉其忠爱，致其婉曲，使彼闻之而可从，绎之而可改，有所感而无所怒，乃为善耳。若先暴白其过恶，痛毁极诋，使无所容，彼将发其愧耻愤恨之心，虽欲降以相从，而势有所不能，是激之而使为恶矣。故凡讦人之短，攻发人之阴私以沽直者，皆不可以言责善。虽然，我以是而施于人不可也，人以是而加诸我，凡攻我之失者皆我师也，安可以不乐受而心感之乎？某于道未有所得，其学卤莽耳。谬为诸生相从于此，每终夜以思，恶且未免，况于过乎？人谓事师无犯无隐，而遂谓师无可谏，非也。谏师之道，直不至于犯，而婉不至于隐耳。使吾而是也，因得以明其是；吾而非也，因得以去其非：盖教学相长也。诸生责善，当自吾始。

镇远留书：相见时难别亦难

镇远旅邸书札（选摘）

相见未期，努力进修，以俟后会。

即日已抵镇远，须臾放舟行矣。

镇远，是一座历史悠久的文化古城，位于贵州省东部武陵山区，是贵州高原向湘西丘陵过渡的斜坡地带，东界湖南省新晃县，是贵州省的东大门。《贵州通志》记载："宋理宗宝祐六年（1258），十一月。宋诏：新筑黄平，赐名镇远州，吕逢年晋一秩。"镇远之名由此开始。历史上镇远赫赫有名，秦昭公三十年（前277）置县，历来为设府、道、专署的核心地盘，"欲据滇楚，必占镇远；欲通云贵，先守镇远"，是一座"以军兴商"的边塞商都，从秦汉到清末民初，镇远一直是西通滇黔、远至

印度等东南亚国家的重要驿站。镇远还是中华民族重工业的发祥地，当年李鸿章、张之洞在洋务运动中创办的股份制企业青溪铁厂，开现代冶炼技术之先，"天字一号"铁锭至今仍藏在镇远。

"S"形穿城而过的潕阳河发源于贵州省瓮安县，流经黄平县、施秉县、镇远县、岑巩县，在玉屏出贵州境入湖南并入沅水。潕阳河，是当年十分重要的水上交通要道。"已抵镇远，须臾放舟行矣"，王阳明进入贵州、离开贵州就是在镇远上下船只的。清嘉庆二十四年（1819），林则徐受钦命赴任云南乡试正考官经过镇远时，俯瞰波涛汹涌的潕水，感触良多，写下入黔的第一首诗《镇远道中》："两山夹溪溪水恶，一径秋烟凿山脚。行人在山影在溪，此身未坠胆已落。盘陟崩石来无端，山前突兀复有山。肩舆十步九扶掖，不尔倾躓肤难完。传闻雨后尤险绝，时有奔泉掣山裂。此行幸值晴明来，峻坂驰驱已九折。不敢俯睨千丈渊，昂头但见山插天。健儿撒手忽鸣炮，惊起群山向天叫。"林则徐在这首诗中写尽了贵州的山之险峻、水之幽深、岩之陡峭、路之崎岖。

《镇远旅邸书札》是研究王阳明和阳明心学的重要

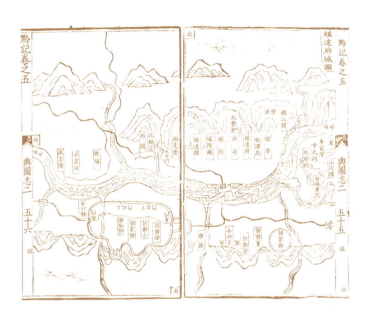

《镇远府城图》，载于约万历三十年（1602）刊刻的《黔记》

文献资料。"别时不胜凄惘，梦寐中尚在西麓，醒来却在数百里外也。相见未期，努力进修，以俟后会。即日已抵镇远，须臾放舟行矣。相去益远，言之惨然。书院中诸友不能一一书谢，更俟后便相见，望出此问致千万意。守仁顿首。"王阳明离开贵州时，他的门生一路送他出黔，在贵阳城南饯别，又一路相送到龙里，方才道别。

写这封信时，王阳明已经到达镇远，"须臾"就启程东下，想想还有需要"致千万意"的好友和学生，王阳明就匆匆中写下了这封信。信中所提之事多为琐碎，但情真意切，字里行间流露出浓厚的关怀和不舍。同时，也对他在贵州这几年的生活做了一个简要回顾，流露出他对贵州人民、贵州弟子的浓浓情感。

尤其需要关注的是，王阳明在这封信中提到二十多位门生的姓名，并勉励他们"努力进修，以俟后会"。这份由王阳明亲笔写下的第一份弟子名单，对研究黔中王门十分重要。过去，阳明学派分为浙中王学、江右王学和泰州王学等七个学派，唯独缺失"黔中王门"，这是因为王阳明在贵州期间留下的很多诗文都没有被整理和收录。但在后世的不断发掘和研究中，慢慢补齐了一些文献，这封《镇远旅邸书札》就是其中一块重要内容，加上其他阳明黔中诗文的梳理和补充，进一步确定了"黔中王门"是王门正宗学派之一，彰显了其价值和意义。在这份名单中，也涌现出一批非常有名的"黔中王门"弟子，比如陈文学、汤㵋、叶梧等。后来又有第二代黔中王门学人，比如孙应鳌、李渭、马廷锡等。

挥手自兹去，黔地留美名。至此，王阳明在贵州的贬谪之旅宣告结束，他也带着阳明心学开始了新的人生阶段，脚步越走越远，穿越时空，直到今天，乃至未来。

附

镇远旅邸书札

王阳明

别时不胜凄惘，梦寐中尚在西麓，醒来却在数百里外也。相见未期，努力进修，以俟后会。即日已抵镇远，须臾放舟行矣。相去益远，言之惨然。书院中诸友不能一一书谢，更俟后便相见，望出此问致千万意，守仁顿首。

高鸣凤、何廷远、陈寿宁劳远饯，别为致谢，千万千万！行时闻范希夷有恙，不及一问，诸友皆不及相别。出城时遇二三人于道旁，亦匆匆不暇详细，皆可为致情也。所买锡，可令王祥打大碗四个，每个重二斤，须要厚实大朴些方可，其余以为蔬楪。粗瓷碗买十余，水银摆锡箸买一二把。观上内房门，亦须为之寄去盐四斤半，用为酱料。朱氏昆季亦为道意。阎真士甚怜，其客方卧病，今遣马去迎他，可勉强来此调理。梨木板可收拾，令勿散失，区区欲刻一小书故也，千万千万！

文实、近仁、良丞、伯元诸友，均此见意，不尽别寄也。仁白。

惟善秋元贤友，汪原铭合枳术丸乃可，千万千万！

　　张时裕、向子佩、越文实、邹近仁、范希夷、郝升之、汪原铭、李惟善、陈良丞、汤伯元、陈宗鲁、叶子苍、易辅之、詹良丞、王世丞、袁邦彦、李良丞列位秋元贤友，不能尽列，幸意亮之！

此心存

王阳明"龙场悟道"的朋友圈

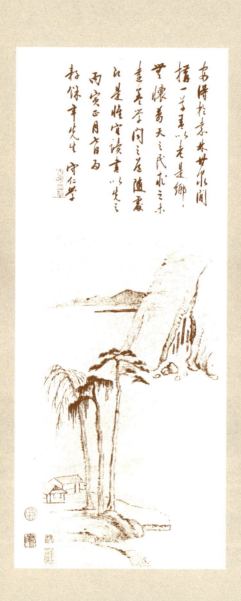

安得於素林甘水間
擇一築屋以老是鄉
縈懷為天之民乱之未
遠君幸閉户居隨意
止足修官讀書以送之
丙寅正月旨為
鞍保申先生

守仁

王文济：穷途还赖此心存

平溪馆次王文济韵

山城寥落闲黄昏，灯火人家隔水村。

清世独便吾职易，穷途还赖此心存。

蛮烟瘴雾承相往，翠壁丹崖好共论。

畎亩投闲终有日，小臣何以答君恩？

即席次王文济少参韵二首

其一

摇落休教感客途，南来秋兴未全孤。

肝肠已自成金石，齿发从渠变柳蒲。

倾倒酒杯金谷罚，逼真词格《辋川图》。

谪乡莫道贫消骨，犹有新诗了旧逋。

其二

此身未拟泣穷途，随处翻飞野鹤孤。

霜冷几枝存晚菊，溪春两度见新蒲。

荆西寇盗纡筹策，湘北流移入画图。

莫怪当筵倍凄切，诛求满地促官逋。

　　这三首诗都是王阳明步王文济的韵而写下的，王文济的诗已不可考。但他与王文济的这段交往却被载入典籍，让历史记住了王文济。这也正如李白的《赠汪伦》，"桃花潭水深千尺，不及汪伦送我情"，有了李白的诗，大家知道并记住了汪伦。同样也因为有了王阳明这诗，大家知道并记住了王文济。

　　王文济者谁？说法不一。有的说是王阳明来黔途中遇到的，王文济也是因为得罪当权者，受到小人排挤，而被贬谪到贵州的。也有的说，当时王阳明入黔经过平溪时，时任贵州布政司少参的王文济得知后，专门去拜访王阳明并作诗歌相赠。

　　王文济是什么时候出现的？暂且不明。但是史实让我们知道，至少他们两个在平溪馆，也就是今天的贵州省铜仁市玉屏县，已经是推杯换盏、诗词唱和了。

当年，王阳明之所以被贬谪到贵州龙场驿当驿丞，主要是因为他的正直坦诚、敢于直言，得罪了大太监刘瑾及其团伙。明弘治十八年（1505），明朝弘治皇帝去世，他的儿子朱厚照继位，年仅十三岁，是为正德皇帝。刘瑾等太监引导皇帝贪玩，逐渐攫取权力。正直、想做点事的大臣们实在看不下去，就联名上书皇帝，要求处死以刘瑾为首的八大太监。然而，这事却被刘瑾的同乡焦芳得知，遂向刘瑾告密。刘瑾马上跑到皇帝那长跪不起、痛哭流涕，一番表演后，蒙骗了正德皇帝，结果不仅没有被杀，反而又被委以重任。

在同刘瑾团伙的斗争失败后，许多大臣被迫提出辞职。这当然正合刘瑾心思，他便借机把这些忠诚正直的大臣都赶出了朝廷。这个时候在南京任职的戴铣、薄彦徽等几十位官员上书正德皇帝，结果可想而知，他们又都落入刘瑾之手，被抓到北京问罪。王阳明实在忍无可忍，愤然上书反对刘瑾这种倒行逆施的行为。刘瑾大怒，把王阳明抓进监狱，后又贬为贵州龙场驿驿丞。

王阳明被贬出京城后，并不想老老实实地到龙场当驿丞，而是想回老家过安静日子，看看书、钓钓鱼，或者写点文章。然后，有人却惦记着他，不想让他活得这么自在。这个人就是刘瑾。刘瑾派人打探王阳明是不是真的生病了，如果是假装的，那就可定王阳明违抗圣旨、欺君之罪。这个罪名谁也担当不起，这可是全家性命攸关的天大之事。于是，王阳明就伪装投河自尽，乘船跑到了福建。在武夷山他遇到一位老道，老道对王阳明说："你还想躲到哪里去啊？万一刘瑾给你胡乱安几个其他罪名，你和你的家人同样承担不起。"老道还举例说："编造诬陷你北通胡人，或南通海盗，他们这些老宦官心狠手辣，诡计多端，又会在皇帝那花言巧语，同时还会在朝中拉拢那些见风使舵的各色人等，形成利益联盟，你一个年轻小伙，哪里是他们这些老奸巨猾们的对手？"王阳明听后大吃一惊，吓得一身冷汗。但他对老道的话还是半信半疑，于是就让老道给他算了一卦，得到的是"明夷卦"。

《杂卦》曰："明夷，诛也。"明夷是要诛灭光明，使之熄灭，成为黑暗。引申的意思是，光明真理被掩盖，有理没地方诉说。小人当道，即使有杰出才能，也只能暂时被埋没。老道对王阳明说，"明夷卦"卦辞是"君子利艰贞，晦可明"，他只要坚守自己的贞操，就能度过艰难困苦，黑暗终将过去，光明终会到来。

王阳明听后心想，自己现在这种逃避做法，就不能算是在艰苦中守住正道的行为，因为无论是被打四十大板，还是被贬谪，都是刘瑾一伙假借皇帝的名义实施的。如果只是一味逃避，甚至不去龙场驿，那就是违背君命，就不合乎臣之道。刘瑾他们反而会更以此为借口，轻则大加迫害，重则一命呜呼，再重则赔上全家性命。于是，王阳明遂下定决心，往贵州去，到龙场去。

写到这里，该王文济出场了。王文济是王阳明入黔后在平溪卫结交的第一位有官职的朋友。从查阅史料看，王文济是山西忻州（今山西省忻州市）人，名王铠，号守拙，生卒年不详。《贵州通志》《贵阳府志》均没有关于王文济的记载。

明代各省布政司在"布政使"之下设有"参政""参议"两级职官，俱分左、右。参政俗称"大参"，参议俗称"少参"。王文济是左参议还是右参议不得而知，但他是参议（少参）无疑，这一点从诗《即席次王文济少参韵二首》的标题上可以明确得知。按照明代官制，参议属于从四品，月俸十二石，相当于副省级官员。王阳明该诗有"小臣何以答君恩？"一句，当时王阳明被贬为"龙场驿丞"，是不入流的小官，与从四品的"少参"相比，是名副其实的"小臣"，故有此句。

从《平溪馆次王文济韵》中，我们还能读出的一个信息是，王阳明到平溪卫之前，王文济就应该是与王阳明见面并结伴前行的。因为，王阳明在该诗写有"蛮烟瘴雾承相往"，由此可以推知，他们两人至少一起走了一段路，所以才能有"承相往"之说。有的人认为，王阳明是到平溪卫后才认识王文济的，我认为这种说法不够准确。至于王阳明在平溪馆休整之后，继续前往贵阳时，王文济有可能陪着，也有可能没有陪着，毕竟王文济还有征粮的公务在身。但由此他们二人结下深厚友谊，倒也是千真万确的。据王阳明《居夷诗》，王阳明在贵阳期间，还作有《即席次王文济少参韵二首》，可知二人后期是有继续交往的，而且颇有"友谊长存"之感。他们在一起饮酒作诗，以诗对话，排解苦闷，"南来秋兴未全孤""倾倒酒杯金谷罚"，由气候的变迁联想到人的衰老，由酒席上的行令罚酒联想到做事的认真；"诛求满地促官逋"，对催勒赋税现象表示强烈的不满，这些都表现出了他们两个之间的深厚友谊和无话不谈，也表达了他们对现实的无奈和不满。由此，王阳明还发出"犹有新诗了旧逋"的感慨，我们只能作点新诗聊以自慰罢了。

席书：王阳明生命中的大贵人

王阳明年谱（选摘）

四年己巳，先生三十八岁，在贵阳。提学副使席书聘主贵阳书院。是年先生始论知行合一。始席元山书提督学政，问朱陆同异之辨。先生不语朱陆之学，而告之以其所悟。书怀疑而去。明日复来，举知行本体证之《五经》诸子，渐有省。往复数四，豁然大悟，谓："圣人之学复睹于今日；朱陆异同，各有得失，无事辩诘，求之吾性本自明也。"

从前面的内容里，我们已经了解王阳明走进贵阳文明书院讲学的情形了。当时，王阳明在文明书院授课，可谓座无虚席，过道里，甚至讲台四周都坐满了前来听课的学子，有的学子还背着干粮前来听课，由此可见当时场面之盛大隆重。王阳明龙场悟道后，在龙冈书院和贵阳文明书院讲学授课，形成了自己的教学主张，创立了阳明心学体系，开创了贵州一代学风，所以历史上才有王阳明"悟道于龙场，传道于贵阳"之说。

王阳明之所以能够在贵阳文明书院开课讲学阳明心学，与一个人有着十分重要的关系，如果没有他的积极邀请和促成，没有他的大度与包容，那么，阳明心学得到认可和传播就不可能这么顺风顺水，乃至最后成为显学，泽被后世，影响世界。

这个人就是当时贵州的提学副使——席书。

席书（1461—1527），字文同，号元山，四川遂宁人，弘治三年（1490）中进士，初授山东郯县知县，后入为工部主事，不久又入户部任户部主事，升员外郎，正德四年（1509）五月调任贵州提学副使，接任毛科主管教育。后来一路从工部尚书、礼部尚书，左都御史、兵部尚书兼三边总督，到武英殿大学士，位极人臣。席书比王阳明大十一岁，中进士的时间比王阳明早九年，无论是从学从政，还是按年龄算，席书都应是王阳明的前辈、老大哥。从明弘治十二年（1499）到弘治十七年（1504），席书在北京和王阳明同朝为官，席书任工部主

事，王阳明曾"观政工部"，也就是到工部实习的意思，彼此之间应该是认识的。

明正德三年（1508），王阳明被贬谪到贵州龙场驿后，正德四年（1509）五月，席书也来到了贵州，他是接任毛科的。席书刚一到任，他的前任毛科就向他极力推荐王阳明。虽然此前，毛科也曾极力邀请王阳明到贵阳文明书院讲课，但都被王阳明予以回绝。

席书接任后，同样对王阳明很感兴趣，并继续邀请王阳明前往贵阳文明书院讲课。为此，席书还两次到龙场龙冈书院听王阳明给"诸生"讲解心学，听了之后甚是佩服，更加坚定了邀请王阳明讲学的决心。但对于席书的邀请，王阳明同样没有答应。他有他的顾虑，第一个顾虑是自己是贬谪之身，如果接受席书的邀请到贵阳文明书院讲学，那就等于让席书与自己一道和刘瑾团伙过不去。这一点，我相信对于席书这位在朝廷为官多年的官员来说，不是没有考虑过，也许正是因为深思熟虑之后，他才下定决心邀请王阳明讲学。王阳明的第二个顾虑是，自己所讲的内容是心学，与科举考试不相关，没有半毛钱关系，怕因此引起官场不满意、群众不满意，从而影响席书的仕途和声誉。

　　王阳明的担忧和顾虑，席书早已置之度外。他在给王阳明的信中说："切惟执事文章气节，海内著闻，兹谪贵阳，人文有光，遐土大庆。曩者应光毛先生在任之日，重辱执事，旅居书院，俯教承学，各生方仰有成。不意毛公偶去，执事遂还龙场，后生咸失依仗。兹者书以凡材滥持学柄，虽边镇不比中州，而责任之重则一。滋欲再屈文饰，过我贵城，振扬吾道之光，用副下学之望，书尚不自主，商之二司，二司既同，白之三堂，三堂曰善，下至官僚父老，靡不共仰清尘，咸曰，此吾贵城文明之日也。馆舍既除，薰沐以俟，不知执事能一慨然否也？"席书态度诚恳，情真意切，并表示这对贵阳人民来说是"人文有光"。信中还说，为"振扬吾道之光"，让圣人之道在贵阳重现光芒，已经把各方关系都协调妥当，还对书院进行了一番修葺。现在，就只等先生大驾光临，主持讲学。

　　为了让王阳明下定来贵阳讲学的决心，席书甚至还先把学生都早早地招了过来。他先是以贵州教育衙门——按察使司责成贵州每一个县选拔两名优秀学生到省城就读文明书院，共选得一百多人。同时又在贵州省级机关和贵阳府扩大招生数十人，共选得两百多人。学生到位后，席书决定于当年（正德四年，即 1509 年）七月正式开学。有学生而无先生，这对于王阳明来说，实在是再也不能拒绝了。王阳明来到文明书院，席书"身督诸生师先生"，意思就是，席书不仅聘请王阳明主讲书院，而且他还亲自率领诸生拜阳明为师。

席书还常常抽时间与阳明先生论学到深夜，每次论学都有几十名甚至上百名学生围观，认真听他们切磋学问。这一段在《黔记》里面是这样描述的："文成既入文明书院，公暇则就书院论学，或至夜分，诸生环而观听以百数。"如此盛况，蔚为壮观。王阳明讲学的兴趣越来越浓，学生听得越来越认真入心。对于王阳明主讲贵阳文明书院的巨大意义，席书这样说："圣人之学复睹于今日！"

其实，邀请王阳明来贵阳文明书院讲学，席书本人承担着很大的风险，尤其是在那个皇帝昏庸、宦官当道、是非不分、正义不昌之时间段里。席书面对同僚们的反对，一一予以驳回，他认为办学到外面请名师，一是贵州请不起，二是也请不来。其实名师贵州就有，贵州既然是流放人的地方，另一方面也是藏龙卧虎之地。比如，王阳明就是其中一位名师。但同僚们认为，王阳明是被朝廷处分之罪臣，当教授不合适，即使皇帝不怪罪，却也是得罪刘瑾团伙之举啊，弄不好丢乌纱帽事小，为此掉脑袋就得不偿失了。席书应对的办法是，不让同僚们承担责任，万一刘瑾团伙怪罪下来，一切责任由他个人全部承担。

其实说来，席书一直是一位敢于直言、敢于担当的官员。明弘治十六年（1503），席书还在担任户部员外郎时，云南白天发生了地震，造成重大人员伤亡和财产损失。按当时的说法，地震一般都发生在晚上，发生在白天是因为当地官员渎职造成的。于是朝廷派去巡视的官员——侍郎樊莹回京后，奏请皇上处分云南监司以下官员三百余人，当时贵州属于云南管辖，这里面也包括不少贵州官员。为人忠厚、敢于讲真话的席书站出来表示反对，他上疏说："灾异系朝廷，不系云南。如人元气内损，然后疮疡发四肢。朝廷，元气也；云南，四肢也。岂可舍致毒之源，专治四肢之末？"席书还说出了"豺狼当道，安问狐狸？"的惊天之语。最后，皇帝还是免予了对云南三百多名官员的处分。

席书这种果断勇毅、敢于担责的性格，为王阳明到贵阳文明书院讲学扫清了障碍。王阳明成为文明书院主讲后，果然不负众望，他讲龙场悟道、讲知行合一，理论联系实际，深受学生欢迎和爱戴。在培养造就众多学子的同时，也很好地传播了阳明心学思想，不仅使贵州学子受到"心性之学"的熏陶，也使王阳明的学术思想成为明代贵州学术的主流，为阳明心学在贵州的进一步发展开辟了道路，对黔中文教发展及王学在全国的传播，均产生了积极的影响。

明正德五年（1510），王阳明贬谪结束后升任庐陵县知县，于是王阳明带着他的心学，脚步愈走愈远、愈走愈快，他本人和阳明心学的影响力也越来越大。

王阳明贬谪结束离开贵州时，席书恋恋不舍，盛赞阳明是盖世之才："予观历代文运，必积百余年，而后有大儒如董，如韩，如周程出，当一代之盛。"又说："国家百四十年，守道不回，如吴康斋、薛河东，清骚自得如陈白沙则有矣！未有妙契濂洛之传，足当太平文运之盛意者，有待于今欤？"席书把王阳明比作董仲舒、韩愈、周敦颐、程颢、程颐，并盛赞王阳明"足当太平文运之盛意者"。在明朝当时宦官尾大、形格势禁的情形下，王阳明能遇到席书这样开明、包容的官员，实属阳明心学之幸，实属贵州文教之幸。对此，王阳明刻骨铭心，他曾在写给席书的信中回忆道:"忆往年与公论学于贵州,受公之知实深。近年来,觉稍有所进,思得与公一面,少叙其愚以来质正,斯亦千古之一快。而公今复已矣!呜呼痛哉!"由此可见,在贵阳文明书院讲学的这一段经历,说明他和席书当时的学术交流是多么的相契,更表明席书对他至深至巨的影响。后来,席书任官至"内阁首辅",仍然对王阳明给予极大支持,力挺王阳明入阁。他进奏说:"生在臣前者见一人,曰杨一清;生在臣后者见一人,曰王守仁。"他又进一步解释说:"今诸大臣皆中材,无足与计天下事;定乱济时,非守仁不可。"

人生得一知己,足矣!席书去世后,王阳明悲恸不已:"闻公之讣,不能奔哭;千里设位,一恸割心。自今以往,进吾不能有益于君国,退将益修吾学,期终不负知己之报而已矣。呜呼痛哉!言有尽而意无穷,呜呼痛哉!"并评价席书为"豪杰之士,社稷之臣","此大臣之盛德,自古以为难,非独近世之所未见也"。

贵州历史学者、老报人刘学洙在《贵州开发史话》一书中写道:"知道王阳明的人千千万万,而知道席书者,恐怕屈指可数。但若没有席书,就不会有王阳明讲学贵阳,也不会有王学在贵州特别深远的影响。所以,我们今天纪念王阳明，一定不要忘记这位当年主管贵州教育的最高长官——明代贵州提学副使（即学政）席书。"

行文至此，想起前些时候看到的一篇资料。明嘉靖十三年（1534）贵州监察御史王杏来贵阳就职，他发现贵阳街头巷尾的歌声竟然"蔼蔼如越音"。这说明，王阳明在贵阳讲学期间，与民间接触甚多，他把家乡越曲教给了许多贵阳人。为此，王杏惊叹：王阳明在贵州"师教入人之深"！今学者陈福桐老人也认为，贵州越剧的起源是始自王阳明。

附

送别王守仁序

席书

予少志学，始分于举业，继夺于仕进，优游于既壮之时。每诵考亭之训，从事于格物致知，若泛舟渤海，莫知津岸，叹曰："我马蹄矣！我仆痛矣！"吾弗能进于斯。闻古人有以文章擅声，有以事业名时，流光余韵，至今逼人耳目，吾将事此以老吾生矣。兹又数年，文章未名，事功未树，神气日昏日塞，如木强人矣！

今年董学贵阳，适阳明王伯安先生以言谪丞龙场驿，延诸文明书院，以师后学。予旧知阳明，知其文也，知其才猷勋业也，因以二者质之。阳明曰："吾以子为大人之问，曾耳与目之问乎？天之所以与我者，莫大者心，莫小者耳与目也。子事文业，以为观听之美，固末矣。心至大而至明，君子先立其大而不晦其明，譬之开广居，悬藻鉴，物来能容，事至顺应。蕴中为道德，发言为文章，措身为事业，大至参天地，赞化育而有余矣，何以小者为哉？孔子曰：'女为君子儒，无为小人儒。'孟子曰：'从其大者为大人，从其小者为小人。'入途不慎，至有君子小人之判，可不择欤？"予闻而心惕背汗。

日亲所学，正而不迂，方而不泯，通而不俗，推万变而不出一心，探幽赜而不远人事；历试其余，礼乐文物、天文律历，皆历历如指其掌。究其要切于喜怒哀乐已发未之间，尤致力焉。盖学先于大而自率其小者耳。呜呼！道自孟氏绝传，寥寥千载，至濂洛出而开扃启户，传授入道之途，曰静曰一。已，有程度龟山，亲授程门，再传而豫章、延平从事于斯，卒有所入。至朱陆二氏各分门户，当时门人互逞辩争，从陆者曰为禅会，从朱者谓为支离，道至是而一明，亦至是而一晦，阳明早岁学道，未得，去而学仙，因静久而自觉其失。悟朱陆不决之疑，直宗濂洛，上溯孔孟大中之道，恍若有得，固方升而未艾也。

予观历代文运，必积百余年，而后有大儒如董，如韩，如周程出，当一代之盛。国家百四十年，守道不回，如吴康斋、薛河东，清骚自得如陈白沙，则有矣；未有妙契濂洛之传，足当太平文运之盛，意者有待于今欤？阳明闻予之说，将能自已其所至欤？予方深惩往昔，肯恨遘晤之晚，适天子诏言士，阳明复有庐陵之行，予能忍于一别乎？

夫君子不忧身之不遇，而忧道之无传；遇不遇有命，传不传在人。会稽之间，有与阳明交者□□□辈其人也，有从阳明游者蔡宗充辈其人也，余虽未得相从二三子，于阳明山麓或咏或游，以追舞雩之趣。然而意气相感，已神会于湖海之隅矣。幸相与鞭励斯道，无负天之所以与我者，此固阳明之心也，无亦诸君之愿欤？

祭元山席尚书文

王阳明

呜呼元山！真可谓豪杰之士，社稷之臣矣。世方没溺于功利辞章，不复知有身心之学，而公独超然远览，知求绝学于千载之上；世方党同伐异，徇俗苟容，以钓声避毁，而公独卓然定见，惟是之从，盖有举世非之而不顾；世方植私好利，依违反覆，以垄断相与，而公独世道是忧。义之所存，冒孤危而必吐；心之所宜，经百折而不回。盖其所论虽或亦有动于气、激于忿，而其心事磊磊，则如青天白日，洞然可以信其无他。世方媚嫉谗险，排胜己以嫉高明，而公独诚心乐善。求以伸人之才，而不自知其身之为屈，求以进贤于国，而不自知怨谤之集于其身。盖所谓"断断休休，人之有技，若己有之者"。此大臣之盛德，自古以为难，非独近世之所未见也。呜呼！世固有有君而无臣，亦有有臣而无君者矣。以公之贤，而又遭逢主上之神圣，知公之深而信公之笃，不啻金石之固、胶漆之投，非所谓明良相逢，千载一时者欤？是何天意之不可测？其行之也，方若巨舰之遇顺风，而其倾之也，忽中流而折樯舵；其植之也，方尔枝叶之敷荣，而摧之也，遂根株而蹶拔。其果无意于斯世斯人也乎？呜呼痛哉！呜呼痛哉！

某之不肖，屡屡辱公过情之荐，自度终不能有济于时，而徒以为公知人之累，每切私怀惭愧。又忆往年与公论学于贵州，受公之知实深。近年以来，觉稍有所进，思得与公一面，少叙其愚以求质正，斯亦千古之一快；而公今复已矣！呜呼痛哉！

闻公之讣，不能奔哭；千里设位，一恸割心。自今以往，进吾不能有益于君国，退将益修吾学，期终不负知己之报而已矣。呜呼痛哉！言有尽而意无穷，呜呼痛哉！

施瓒：

克念于是，可以为贤

题施总兵所翁龙

君不见所翁所画龙，虽画两目不点瞳。

曾闻弟子误落笔，即时雷雨飞腾空。

运精入神夺元化，浅夫未识徒惊诧。

操舵移山律回阳，世间不独所翁画。

高堂四壁生风云，黑雷紫电日昼昏。

山崩谷陷屋瓦震，雨声如泻长平军。

头角峥嵘岁千丈，倏忽神灵露乾象。

小臣正抱乌号思，一堕胡髯不可上。

视久眩定凝心神，生绡漠漠开嶙峋。

乃知所翁遗笔迹，当年为写苍龙真。

只今旱剧枯原野，万国苍生望沾洒。

凭谁拈笔点双睛，一作甘霖遍天下！

王阳明被贬谪到贵州龙场驿当驿丞的时候，诚如他自己所言，他是一个戴罪的"小臣"。而本文所要讲述的主角——施瓒施总兵，则是镇守一方的大将军，二者地位悬殊实在太大。一个高高在上的总兵，同一位遭贬的底层的小小驿丞能如此亲近，也足见王阳明的超常魅力。

总兵，在明代这个职位上任职的人数并不多，每朝同期也仅有二十多人能到此高位。由此可见，施瓒是一位军事过硬、能力超强、公正无私的军事领导者。对明朝来讲，贵州的军事战略地位十分重要，明永乐十一年（1413）贵州建省，并不是从经济上考虑的，而是从战略上考量的。从军事战略地位上来讲，处于西南腹地的贵州，东接湖广，西控川滇，战略地位凸显，控制川滇，必先控制贵州。秦汉之时，派唐蒙出使夜郎。唐宋元时期，同样对经略尚称为夜郎的这片区域高度重视。到了明朝，朱元璋对这一区域的认识更加透彻，他为消灭掉盘踞在云南的元蒙余部，意味深长地告诫傅友德，"要夺得云南，必须重视贵州""贵州每一梗阳，致使滇南中断""虽有云南，亦难守也"。后来，扫除元蒙余部的军事威胁后，朱元璋便将这几十万大军就地留守开垦，此后又将人口稠密的江南一带老百姓调往云贵开荒种地。

如果施瓒是一名平庸之辈，或者像明朝末期某些官员那样靠献媚行贿谋职，有其名而无其实，只会"花腔"，那么他是万万不可能在贵州这样军事战略地位如此重要的省份任总兵的。

施瓒的祖孙几辈人征虏屡建功勋，受封怀柔伯爵位，到施瓒已承袭多代。据乾隆《贵州通志》记载，施瓒的祖上是沙漠（蒙古）人，后居顺天通州。"高祖忠，金吾右卫指挥使；曾祖聚，怀柔威靖侯；祖荣、父鉴，世袭怀柔伯。瓒以弘治八年袭爵，领南京左府。九年，为神机营左哨坐营管操，正德初充贵州总兵官。"

从王阳明的这首《题施总兵所翁龙》，我们知道施瓒颇有艺术涵养，被王阳明称之为"龙"的这幅画，是施瓒祖上的珍藏，现在看更是稀世珍品。施瓒邀请王阳明到他家小聚，喝酒后闲谈之余，施瓒就把这幅藏品取出来让王阳明赏鉴。王阳明也是一位行家，定睛一看，这幅画原来是南宋陈容的作品，陈容号所翁，是画龙圣手，于是王阳明当即写下这首画赞。即使是一次纯粹的休闲娱乐，王阳明也同样把他心系苍生的悲悯情怀融入了这首诗作。当时，贵州旱情严重，众生急盼雨露。王阳明急苍生之所急，在诗的最后四句得到充分体现，"只今旱剧枯原野，万国苍生望沾洒。凭谁拈笔点双睛，一作甘霖遍天下"。

王阳明和施总兵的交情还在继续。这一天，施瓒请画工绘制的《七十二候图》终于完工。但让他苦恼的是，图画好后周边之人却不懂其意。这个时候他又一次想到龙场的王阳明。于是他当即让随从到龙场去请王阳明为图题写序言。使者到了龙场，还没有讲述完，王阳明就马上答应一定为《七十二候图》作序。阳明认为，这是一次很难得的规谏上司的机会，必须为之作序，且要把自己想说的都要说尽兴才行。

《七十二候图》历来是施政者励精图治，更是将帅者带兵打仗最为重要的工具，施瓒到贵州任总兵后的第三年才命人绘制此图。王阳明也从施瓒绘图的行为中，看到并感受到总兵大人的理想和抱负，良知萌发，因此才欣然答应施瓒的请求。在这篇序言中，王阳明在概述七十二候之后，笔锋一转，根据"天人合一"思想，传达"谨修其政令，以奉若夫大道；致察乎气运，以警惕夫人为"的理念，并以孔子作《春秋》来论证，目的就是为了规谏总兵大人。为政者的一举一动不仅关系人民的福祉，也关系到山川气候的变化。天道与人道合一，修身与齐家治国平天下自是一体，故为政者当谨修其身，安身以安人，安人以安天下。随后，王阳明又以写序言，极力表彰施瓒总兵的"良知发现"，并结合自己的修身体验，言警惕是万善之本，是众美之基也，克念是进贤进圣之阶，委婉地劝诫为政者当时怀"警惕"之念，长存"克念"之心，既要警惕那些夸夸其谈之小人，更要坚持做到正己正人，这样才能为天地和老百姓带来永远的安宁与福祉。

五百年后看，我们不能不说，王阳明是真正的高人，从他和施总兵的交往以及他的诗作和序言中，我们应该感悟到的是，对家国和百姓要始终有博大情怀，走出小我的方寸之地，才能拥有胸怀天下之大格局。

附

气候图序

王阳明

天地一元之运为十二万九千六百年，分而为十二会，会分而为三十运，运分而为十二世，世分而为三十年，年分而为十二月，月分而为二气，气分而为三候，候分为五日，日分为十二时，积四千三百二十时三百六十日而为七十二候。会者，元之候也；世者，运之候也；月者，岁之候也；候者，月之候也。天地之运，日月之明，寒暑之代谢，气化人物之生息终始，尽于此矣。

月，证于月者也；气，证于气者也；候，证于物者也。若孟春之月，其气为立春，为雨水；其候为东风解冻，为蛰虫始振，为鱼负冰，獭祭鱼之类；《月令》诸书可考也。气候之运行，虽出于天时，而实有关于人事。是以古之君臣，必谨修其政令，以奉若夫天道；致察乎气运，以警惕夫人为。故至治之世，天无疾风盲雨之愆，而地无昆虫草木之孽。孔子之作《春秋》也，大雨、震电、大雨雪则书，大水则书，无冰则书，无麦苗则书，多麋则书，蜮蜚雨、螽蝝生则书，六鹢退飞则书，陨霜不杀草，李梅实则书，春无水则书，鹳鹆来巢则书。凡以见气候之愆变失常，而世道之兴衰治乱，人事之污隆得失，皆于是乎有证焉。所以示世之君臣者恐惧修省之道也。

大总兵怀柔伯施公命绘工为《七十二候图》，遣使以币走龙场，属守仁叙一言于其间。守仁谓使者曰："此公临政之本也，善端之发也，戒心之萌也。"使者曰："何以知之？"守仁曰："人之情必有所不敢忽也，而后著于其念；必有所不敢忘也，而后存于其心。著于其念，存于其心，而后见之于颜色言论，志之于弓矢几杖盘盂剑席，绘之于图书，而日省之其心。是故思驰骋者，爱观夫射猎游田之物；甘逸乐者，喜亲夫博局燕饮之具。公之见于图绘者，不于彼而于此，吾是以知其为善端之发也；吾是以知其为戒心之萌也。其殆警惕夫人为而谨其政今也欤！其殆致察乎气运，而奉若夫天道也欤！夫警惕者，万善之本，而众美之基也。公克念于是，其可以为贤乎！由是因人事以达于天道，因一月之候以观夫世运会元，以探万物之幽赜"，而穷天地之始终，皆于是乎始。吾是以喜闻而乐道之，为之叙而不辞也。"

胡姓少参：
王阳明为什么会为其作六首诗？

艾草次胡少参韵

艾草莫艾兰，兰有芬芳姿。
况生幽谷底，不碍君稻畦。
艾之亦何益？徒令香气衰。
荆棘生满道，出刺伤人肌。
持刀忌触手，睨视不敢挥。
艾草须艾棘，勿为棘所欺。

凤雏次韵答胡少参

凤雏生高崖，风雨摧其翼。
养疴深林中，百鸟惊辟易。
虞人视为妖，举网争弹弋，
此本王者瑞，惜哉谁能识！

吾方哀其穷，胡忍复相亟？
鸱枭据丛林，驱乌恣搏食。
嗟尔独何心？枭凤如白黑。

鹦鹉和胡韵

鹦鹉生陇西，群飞姿鸣游。
何意虞罗及？充贡来中州。
金绦縻华屋，云泉谢林丘。
能言实阶祸，吞声亦何求。
主人有隐寇，窃发闻其谋。
感君惠养德，一语思所酬。
惧君不见察，杀身反为尤。

再用前韵赋鹦鹉

低垂犹忆陇西飞，金锁长羁念力微。
只为能言离土远，可怜折翼叹群稀。
春林羞比黄鹂巧，晴渚思忘白鸟机。
千古正平名正赋，风尘谁与惜毛衣？

次韵胡少参见过

旋管小酌典春裘，佳客真惭竟日留。

长怪岭云迷楚望，忽闻吴语破乡愁。

镜湖自昔堪归老，杞国何人独抱忧。

莫讶临花倍惘怅，赏心原不在枝头。

与胡少参小集

细雨初晴蟪蛄飞，小亭花竹晚凉微。

后期客到停杯久，远道春来得信稀。

翰墨多凭消旅况，道心无赖入禅机。

何时喜遂风泉赏，甘作山中一白衣。

翻看王阳明的《居夷集》，有一个人不能不引起我们的注意，这个人就是胡少参。他与王阳明的交往甚密，感情颇为深厚，在王阳明的一百余首居夷诗作中，写给这位胡少参的就有六首之多，其中有三首还排列在一起。在情感表达上，王阳明以"后期客到停杯久，远道春来得信稀"一句，来表达他们之间的友谊。

胡少参者谁？一说是胡洪，一说是胡濂。五百年光阴过去，现在考证起来确实存在极大困难。仅从王阳明诗作中透露出的那一点点信息，我们很难判断胡少参的真姓实名。其实不要说五百年前的人与事，就是当下发生的一些人和事，过一段时间后谁又能说得一清二楚、明明白白、真真切切呢？比如，去年的中秋节你在做什么，和谁见面聚会，吃了什么？估计不好好动脑筋仔细搜索和回忆一番，一时半会也是很难说得清楚的。

先说一下胡洪。有的专家认为，王阳明诗作中提到的胡少参是胡洪。胡洪，生卒年不详，字渊之，王阳明的老乡，浙江余姚人，时任贵州参政。传闻王阳明拜访同乡旧识布政司参议胡洪，二人相聚交谈甚欢，于是作《艾草次胡少参韵》赠之。依据是《次韵胡少参见过》一诗中的"忽闻吴语破乡愁"，吴语就是现在我们经常代指的江浙话。这样来看，把王阳明诗作的胡少参认作是胡洪，似乎也合情合理，说得过去。

接下来，再说一下胡濂。有的专家认为，胡少参应该是胡濂。胡濂（1463—1542），字宗周，号一斋，广东定安人，今海南省定安县定城镇中街人，幼而好学，十岁能文，明朝成化丙午（1488）科考中举人，弘治癸丑（1493）科考中进士，是王阳明的门生。胡濂初任户部广西司主事，任满升山东司员外，转调云南司郎中。

明正德辛未年（1511），流贼刘六作乱，胡濂在平乱中督运粮饷有功。朝廷赐金牌文币，并加四品官衔，提升贵州参政。任上革除政弊，严厉法纪，并平息了当地苗、彝少数民族的一次叛乱，因此升任江西右布政使。正德己卯年（1519）春，兑运粮饷于吴城返归时，恰逢宸濠宫廷政变，胡濂受累被捕入狱。政变平息后，当时任都御史的王阳明、陈琳，保奏胡濂无罪，不曾参与政变，始获释放。归家后以泉石自娱，杜门教训子孙，卒年八十岁。

我学浅才疏，这里也只能把专家们的研究成果罗列出来，供读者诸君在学习阳明先生贵州诗时参考。

《艾草次胡少参韵》一诗表达的中心思想是，王阳明劝告胡少参，在与恶人（荆棘）作斗争的过程中，既要保护好人（兰草），又要丢掉畏惧心理，同时还要讲究方式方法，做到"勿为棘所欺"。其实，这就是现在我们经常说的要"敢于斗争，善于斗争"。《凤雏次韵答胡少参》一诗王阳明以寓言式的比况，向胡少参诉说那些不分黑白的小吏等恶势力，对落难的贤者和弱者实施迫害的恣意妄为和丑恶。

《鹦鹉和胡韵》《再用前韵赋鹦鹉》两首，则是以鹦鹦为喻，前一首表达的意思是不要像鹦鹉那样愚诚愚忠，后一首则又对鹦鹉的善良给予肯定和同情。从写作时间上推测，两首诗至少相隔半年之久。而在这半年里，王阳明和胡少参肯定因为某一件事，或者某一类似的背景相互之间多有讨论，且都愤懑于心，一股正气不能得到舒缓，因此才有了这一来一回的唱和。但具体是什么事，因为没有其他材料可参照，我们就不得而知了。

这六首诗是王阳明居夷诗的重要组成部分，除了对研究王阳明在贵州的交往有重要的参考价值之外，更对研究王阳明面对艰难困苦和不公遭遇所采取的态度以及其思想变化和心学诞生，有着十分重要的史料价值和参考价值。

答毛拙庵见招书院

野夫病卧成疏懒，书卷长抛旧学荒。

岂有威仪堪法象，实惭文檄过称扬。

移居正拟投医肆，虚席仍烦避讲堂。

范我定应无所获，空令多士笑王良。

　　这是王阳明在贵州期间给当时的贵州提学副使毛科写的一首诗，写这首诗的起因是，毛科邀请王阳明到贵阳文明书院做主讲老师。全诗通俗易懂，王阳明拒绝了毛科的好意相邀，同时体现了他谦虚严谨的治学态度。

　　其实，在贵州期间王阳明除了写这首诗给毛科外，还有三篇文章也是写给毛科的。这三篇文章分别是《答毛宪副书》《远俗亭记》《送毛宪副致仕归桐江书院序》。

　　钱德洪《王文成公年谱》记载,《答毛拙庵见招书院》这首诗大约作于明正德三年（1508）岁末,时年王阳明三十七岁。毛科,号应奎,字拙庵,明朝浙江省宁波府余姚县人,明成化十四年（1478）进士,历官南京工部主事、山东兵备副使、云南左参议,官至都察院左副都御史,卒祀乡贤祠。王阳明被贬谪到贵州修文龙场的时候,毛科时任贵州宪副,从四品官员,执掌兵备、学政等,应该算是王阳明的顶头上司。

　　之所以说王阳明和毛科是"不打不相识",是缘于一段"公案"。

　　明正德三年（1508）秋,在龙场已经生活了数月的王阳明,不但彻悟了"圣人之道,吾性自足,向之求理于事物者误也",还能与当地苗彝群众打成一片,在龙冈书院开课讲学。龙冈书院讲学既是思想的传播,也是一种社会化讲学,他把知行合一的内容贯穿于讲学之中,使当地群众深受教益。由此,王阳明更加受到当地苗彝群众的爱戴,其影响力也越来越大。

　　然而,王阳明毕竟是朝廷被贬的小官,且在刘瑾的"黑名单"上,因此,王阳明自抵达龙场以来,担心给别人添麻烦,就没有主动拜访任何一位地方官。但随着王阳明的影响力日增，思州太守心生嫉妒，令他多年头疼的苗彝竟然在几个月内被一个小小的驿丞搞定，他很不服气，于是派差役去龙场驿挑事儿。这些差役来到龙冈书院后，对王阳明百般侮辱，正在听讲学的诸生忍无可忍，将差役揍得逃之夭夭。思州太守大怒，就向时任贵州提学副使兼巡按御史的毛科告状。毛科本是王阳明的余姚同乡，自然感情上有所倾向，但在官场之中，他还是认为王阳明不该去得罪太守，再说王阳明一个被贬的小小驿丞，又有什么资格与堂堂太守对抗呢？于是毛科就给王阳明写了封信，信中劝说王阳明：按道理你应该亲自去太守那请罪，你也不要倔强、硬碰硬了，还是给太守写封道歉信，服软认输算了。

收到毛科的这封信，王阳明不但没有给思州太守写一个字，反而洋洋洒洒地给毛科回复了一封信，这封信就是著名的《答毛宪副书》。信中，王阳明给毛科论述了"忠信礼仪"的原则："苟忠信礼义之不存，虽禄之万钟，爵以侯王之费。君子犹谓之祸与害；如其忠信礼义之所在，虽剖心碎首，君子利而行之，自以为福也。"意思是如果抛弃忠信礼义，那便会有很大的祸患。我们应该将坚守忠信当作利，将坚守礼义当作福。如果抛弃忠信礼义，即使万钟俸禄、侯王贵爵，仍要视其为祸害；如果坚守忠信礼义，即使要剖开心脏、砍碎脑袋，也要觉得这是有利的而去践行，并以之为福。

毛科收到这封信后，并没有像我们"俗人"想象的那样火冒三丈，拍案而起。作为一省大员，毛科对自己的行为和思想做了一番反思后，感到自己确实做得不对，没有主持公道，做出正确决定。毛科对王阳明"不卑不亢、大义凛然"的对人、对事态度和弘扬正气、刚强无畏的原则底线敬佩不已，从而保护了王阳明。由此，王阳明和毛科这一对老乡开始过往甚密，交流甚多。

毛科发现这王阳明果然不同一般，学识丰富，见地非凡，于是就请王阳明到贵州文明书院讲学。但王阳明不愿意去，称自己有病而无学，就以《答毛拙庵见招书院》一诗婉言谢绝，诗中最后一句还自谦地把自己比喻为王良："范我定应无所获，空令多士笑王良。"《孟子·滕文公下》中有这么一则故事：王良为主人驾车打猎，第一次按规矩驾车而无获，第二次不按规矩反而有收获。因为王良不愿意不按规矩驾车，于是就辞去了驾车的差事。王阳明以此告诉毛科，即使勉为其难，勉强出山，也不会对书院有所贡献，无疑是会让毛大人失望的。

毛科从这首诗中，更看出王阳明的才华。但王阳明既然婉拒，他也就不相勉强，反而更加大度地与王阳明进一步密切了彼此之间的关系。

后来，毛科在贵阳的住处后院新建了一座亭子，自己起名为"远俗亭"，并请王阳明写一篇助兴的文章。这一次，王阳明不但没有拒绝，反而很快就把文章写成。但王阳明却在文章中以俗与雅的论述对毛科进行了一番训诫。比如王阳明说，你毛科职高权重，既掌管着"举业辞章"这样的"俗儒之学"，又兼职"簿书期会"这样的"俗务"，你的所为皆"俗"，你现在要"远俗"，恐怕"俗未远而旷官之责近矣"；又说，以你毛科现在的身份及从事的工作，本应该做到"公、明、宽、恕"，那么，你即使天天在"簿书期会"中忙碌，也正是"远俗"，当然有些人的心中本来就是"凡鄙猥琐"的，那么即使做到了与大家都不一样，那也不过是假托"闲散疏放"而已，自以为"远俗"，实则俗不可耐！所以，古人教诲我们，如果事情合乎道义，即使"俗"也要去做，君子从不轻言"绝俗"；还说，如果一个人不顾一切，非要去追求与众不同之雅好，那么，他就会连做君子的善心都荡然无存；等等。

　　王阳明的这篇文章已经不同于一般意义上的助兴之文，至今仍具有很强的警示教育作用。由此，毛科对王阳明更加敬重。我们要知道，毛科比王阳明大得多，明成化十四年（1478）他中进士的时候，王阳明还是孩童，不论怎么看，毛科都算是王阳明的前辈。但毛科能对王阳明这个后生晚辈如此敬佩，我们说毛科实在是一位自身素养高、涵养好的省城要员，他的大度和宽容、谦虚和谦和、爱才和敬才，更让五百年后的我们对他多一份爱戴，多一份敬重。

　　王阳明到龙场的第二年，毛科年老致仕还乡，要回到老家富春江桐江书院讲学。明正德四年（1509）夏，毛科的同僚们在贵阳南门外为他的光荣退休饯行，这次没等毛科相请，王阳明便主动给毛科写了一篇《送毛宪副致仕归桐江书院序》。文章生动记述了饯行宴上大家对毛科从政以来的事迹与贡献的夸赞，对他退休后的生活给予一番联想，又引用孔子"用之则行，舍之则藏"的语句，对君子之道作了论说。王阳明最后从道的角度作了总结。

　　由此可见，王阳明的坚守，是对"道"的坚守，他有自信更有定力。这正如《孟子·公孙丑上》所言："道之所在，虽千万人，吾往矣！"饯行宴上，毛科向他的继任者席书叮嘱说，阳明先生学识渊博，有谋有略，将来必成大器，为国之用，不应该让他长久卧于龙场啊！

附

答毛宪副书

王阳明

昨承遣人，喻以祸福利害，且令勉赴太府请谢。此非道谊深情，决不至此，感激之至，言无所容。但差人至龙场陵侮，此自差人挟势擅威，非大府使之也。龙场诸夷与之争斗，此自诸夷愤愠不平，亦非某使之也。然则太府固未尝辱某，某亦未尝傲太府，何所得罪而遽请谢乎？

跪拜之礼，亦小官常分，不足以为辱，然亦不当无故而行之。不当行而行，与当行而不行，其为取辱一也。废逐小臣，所守以待死者，忠信礼义而已。又弃此而不守，祸莫大焉。凡祸福利害之说，某亦尝讲之。君子以忠信为利，礼义为福；苟忠信礼义不存，虽禄之万钟，爵以侯王之贵，君子犹谓之祸与害；如其忠信礼义之所在，虽剖心碎首，君子利而行之，自以为福也，况于流离窜逐之微乎？

某之居此，盖瘴疠蛊毒之与处，魑魅魍魉之与游，日有三死焉。然而居之泰然，未尝以动其中者，诚知生死之有命，不以一朝之患，而忘其终身之忧也。大府苟欲加害，而在我诚有以取之，则不可谓无憾；使吾无有以取之而横罹焉，则亦瘴疠而已尔，蛊毒而已尔，魑魅魍魉而已尔，吾岂以是而动吾心哉！

执事之喻，虽有所不敢承；然因是而益知所以自励，不敢苟有所隳堕，则某受教多矣，敢不顿首以谢！

远俗亭记

王阳明

宪副毛公应奎，名其退食之所曰远俗，阳明子为之记，曰：俗习与古道为消长，尘嚣溷浊之既远，则必高明清旷之，是宅矣，此远俗之所由名也。然公以提学为职，又兼理夫狱讼、军赋。则彼举业辞章，俗儒之学也；簿书期会，俗吏之务也；二者皆公不免焉。舍所事而曰"吾与远俗"，俗未远而旷官之责近矣。君子之行也，不远于微近纤曲，而盛德存焉，广德著焉。是故诵其诗、读其书，求古圣贤之心，以蓄其德而达诸用，则不远于举业辞章，而可以得古人之学，是远俗也已。公以处之，明以决之，宽以居之，恕以行之，则不远于簿书期会，而可以得古人之政，是远俗也已。苟其心之凡鄙猥琐，而待闲散疏放之，是托以为远俗，其如远俗何哉！昔人有言："事之无害于义者，从俗可也。"君子岂轻于绝俗哉？然必曰无害于义，则其从之也，为不苟矣。是故苟同于俗，以为通者，固非君子之行必远于俗；以求异者，尤非君子之心。

送毛宪副致仕归桐江书院序

王阳明

正德己巳夏四月，贵州按察司副使毛公承上之命，得致其仕而归。先是，公尝卜桐江书院于子陵钓台之侧者几年矣，至是将归老焉，谓其志之始获遂也，甚喜。而同僚之良惜公之去，乃相与咨嗟不忍，集而饯之南门之外。酒既行，有起而言于公者，曰："君子之道，出与处而已。其出也有所为，其处也有所乐。公始以名进士从政南部，理繁治剧，顾然已有公辅之望。及为方面于云、贵之间者十余年，内厘其军民，外抚诸戎蛮夷，政务举而德威著。虽或以是召娖取谤，而名称亦用是益显建立，暴于天下。斯不谓之有为乎？今兹之归，脱屣声利，垂竿读书，乐泉石之清幽，就烟霞而屏迹；宠辱无所与，而世累无所加。斯不谓之有所乐乎？公于出处之际，其亦无憾焉耳已！"公起拜谢。复有言者曰："虽然，公之出而仕也，太夫人老矣，先大夫忠襄公又遗未尽之志，欲仕则违其母，欲养则违其父，不得已权二者之轻重，出而自奋于功业。人徒见公之忧劳为国而忘其家，不知凡以成忠襄公之志，而未尝一日不在于太夫人之养也。今而归，告成于忠襄之庙，拜太夫人于膝下，旦夕承欢，伸色养之孝，公之愿遂矣。而其劳国勤民，拳拳不舍之念，又何能释然而忘之！则公虽欲一日遂归休之乐，盖亦有所未能也。"公复起拜谢。又有言者曰："虽然，君子之道，用之则行，舍之则藏。用之而不行者，往而不返者也；舍之而不藏者，溺而不止者也。公之用也，既有以行之；其舍之也，有弗能藏者乎？吾未见夫有其用而无其体者也。"公又起拜，遂行。

阳明山人闻其言而论之曰："始之言，道其事也，而未及于其心；次之言者，得公之心矣，而未尽于道；终之言者，尽于道矣，不可以有加矣。斯公之所允蹈者乎！"诸大夫皆曰："然。子盍书之以赠从者？"

次韵陆佥宪元日喜晴

城里夕阳城外雪，相将十里异阴晴。
也知造物曾何意，底是人心苦未平。
柏府楼台衔倒景，茆茨松竹泻寒声。
布衾莫谩愁僵卧，积素还多达曙明。

次韵陆文顺佥宪

春王正月十七日，薄暮甚雨雷电风。
卷我茅堂岂足念，伤兹岁事难为功。
金縢秋日亦已异，鲁史冬月将无同。
老臣正忧元气泄，中夜起坐心忡忡。

次韵送陆文顺佥宪

贵阳东望楚山平，无奈天涯又送行。

杯酒豫期倾盖日，封书烦慰倚门情。

心驰魏阙星辰迥，路绕山乡草木荣。

京国交游零落尽，空将秋月寄猿声。

次韵陆佥宪病起见寄

一赋归来不愿余，文园多病滞相如。

篱边竹笋青应满，洞口桃花红自舒。

荷蒉有心还击磬，周公无梦欲删书。

云间宪伯能相慰，尺素长题问谪居。

　　郭子章《黔记》记载："陆健，文顺，佥事，鄞县人，进士。"陆佥宪，姓陆名健，字文顺，鄞县即今浙江省宁波市鄞州区，与王阳明老家余姚咫尺之隔，算是王阳明的正宗老乡。"宪"是对相当一级官员的尊称，"佥"是佥事，佥事是官名，是省里三司之一的提刑按察使司的属员。

　　从现有史料来看，虽然我们不能准确得知陆佥宪的具体生卒年月，但他比王阳明年龄大，这是不容置疑的。

因为王阳明到贵州的第二年，陆金宪就退休回到宁波老家赋闲了。

在贵州期间，王阳明写给陆金宪的诗保留下来的有四首，细细品读这四首诗作，我们能从中深切体会到王阳明和陆金宪的密切关系和深厚情谊。

王阳明与陆金宪的交往，应该是在王阳明走出龙场困境后开始的。这个时候，王阳明的出游半径已经扩大到了贵阳城，像贵阳东山附近的仙人洞（来仙洞）等地，他都有涉足。随着王阳明的朋友圈不断扩大，认识同乡陆金宪这样在省城工作的官员，也实属正常。

那个时候不像现在，相互之间留个电话加个微信，随时随地都可联系。"从前的日色变得慢，车，马，邮件都慢"，遇到什么事情，只能靠写信联络。这天，贵阳下起大雪，奇怪的是"城里夕阳城外雪"，市区里面阳光普照，而"十里"城外却雪花飞舞。陆金宪情不自禁写了一首诗，寄给了远在龙场的王阳明。王阳明看到后，没有像陆金宪那样感到"喜"，反而充满了无限忧愁。为什么？他说"柏府楼台衔倒影"，城内官府和富裕人家不愁这恶劣天气，而那些受冻的乡民只能僵卧在布被中哀愁，彻夜难眠。

本来是想分享"十里异阴晴"的喜悦，结果却被王阳明"怼"了回来。但陆金宪并没有因此而生气，他对这位老乡悲天悯人的情怀更加敬佩有加，即使是回到老家后，仍与其保持书信联系。

不久，贵阳及其附近又出现了异常天气，正月十七日这天，竟然"薄暮甚雨雷电风"，陆金宪也为这样的天象感到震惊和担忧，特别是对农事民生的影响，就写了一首诗寄给王阳明。王阳明"位卑未敢忘忧国"，虽然只是被朝廷贬逐的小小官员，但他对这样的灾象感到警惧和不安。王阳明之所以认为是"灾象"，是因为他在正月十五（元夕）这天看到的是大雪天（《元夕雪用苏韵二首》），正月十六看到的是大晴天（《晓霁用前韵书怀二首》），然后正月十七又"暴雨雷电风"。这样的天气，岂能不让他忧心忡忡？于是他满怀焦虑地给陆金宪回复了《次韵陆文顺金宪》这首诗。这首诗里还值得一说的是，王阳明当时才不过三十多岁，但在诗中他用"老臣"自称，年龄大小不代表能力高低，心有万万策，可惜无处用；心境已沧桑，正忧元气泄。这不禁让人想起杜甫的名作《茅屋为秋风所破歌》，两个不同时代的伟大人物，他们的思想境界是相通的。

"贵阳东望楚山平。"这年秋天，陆金宪辞官回归故里，王阳明写诗相送，怀乡人送人还乡，非常动情。在《次韵送陆文顺金宪》一诗中，王阳明对陆金宪的辞官归去充满了太多的无奈和悲伤，但又无能为力。陆金宪为什么辞官？由于手头缺少佐证材料，不敢妄下结论。由此，王阳明想到京国的朋友已经四散而尽，而自己的心中既有魏阙，又有乡山，心有魏阙是想报效朝廷，心有乡山是感念双亲。万千想法时刻折磨着他，以致无法安宁。

陆金宪回到老家病了一段时间，想念仍在龙场的王阳明，于是就写信问候。这让王阳明更加思念朋友，思念家乡。于是他作《次韵陆金宪病起见寄》安慰陆金宪：您就在家乡好好休养生活，安安心心地潜心著述，其他的就不要想那么多了，只是您的老乡我还得继续在龙场忍受着艰难困苦。

友谊天长地久。王阳明与陆金宪既惺惺相惜又相互勉励，可谓友情乡情，一段佳话。

张宪长：
滇南好友如相问，我在贵阳挺好的

送张宪长左迁滇南大参次韵

世味知公最饱谙，百年清德亦何惭。

柏台藩省官非左，江汉滇池道益南。

绝域烟花怜我远，今宵风月好谁谈？

交游若问居夷事，为说山泉颇自堪。

明正德三年（1508）八月，因忤逆刘瑾而被降到贵州任按察使的张贯，又被刘瑾贬到云南任参政。由此看来，这个张贯不畏强权，不怕被贬官，甚至被流放，是一位正直之士。

接到朝廷的调令后，张贯收拾家当准备启程前往云南。出发之前，贵阳城的同僚和从龙场赶来的王阳明为张贯饯行。饯行宴上，王阳明想到自己的遭遇和所受的苦难，有感而发，便写下了这首《送张宪长左迁滇南大参次韵》。

关于这首诗的题目，还得稍作一些解释。张贯，河北省蠡县人。由贵州按察使，降为云南参政。大参即为省里的参政，为四品官。题目中称张贯为宪长，明代指称都察院首长都御史为宪长，是为尊称。左迁的意思非常明确，就是降低官职，即"降官"。汉代贵右贱左，故将贬官称为左迁。《汉书·周昌传》："吾极知其左迁。"颜师古注："是时尊右而卑左，故谓贬秩位为左迁。"宋代戴埴《鼠璞》："汉以右为尊。谓贬秩为左迁，仕诸侯为左官，居高位为右职。"后世沿用之。题目中的"大参"之意为，明代布政使以下有参政、参议，参政又称大参，参议又称少参。

题目中王阳明说是"送别"，然而全诗却无惜别之意，有的倒是满满的"正能量"和劝慰激励。比如，"柏台藩省官非左"这句，张贯老兄你虽然被降到云南，由二品降到四品，从级别上看还好，差别不太大，并宽慰张贯"官非左"，没有降多少，你看看我，一撸到底，直接发配到了这没有驿站的龙场当驿丞。不过，这些都不足畏惧，只要我们始终保持乐观的态度，一切都会过去的。所以，你去了云南后，如果有好朋友问到我的情况，你就直接给他们说，我王守仁在贵州好着呢，这里的山山水水赏心悦目，很是让我满心欢喜。

王阳明的劝慰和激励，以及面对困厄所采取的态度，让张贯深受鼓舞。第二天，张贯出贵阳北门，经头桥、二桥、三桥，随后向西前往云南而去。

张贯为什么是出贵阳北门呢？我在前面的内容里面已经有所涉及。当时，贵阳送迎客人、亲人主要有两个地方，一是贵阳南门外，出南门往东，即可前往湖广、江南和中原。王阳明接到调令，神速一般地离开贵阳，走的就是南门，当时他的好友和学生还在城南蔡氏楼上与他饯行，第二天便前往龙里而去。二是贵阳西郊的头桥、二桥和三桥，出贵阳北门，即可前往云南、四川等地。

徐掌教：同是天涯沦落人

寄徐掌教

徐稚今安在，空梁榻久悬。

北门倾盖日，东鲁校文年。

岁月成超忽，风云易变迁。

新诗劳寄我，不愧《鸟鸣》篇。

到目前为止，专家学者们，也没能把徐掌教的姓名考证出来，至于生卒年月更是无从谈起，我们也只能跟着王阳明称呼徐掌教了，但这并不影响王阳明和徐掌教之间的深厚情谊。

王阳明的这首《寄徐掌教》，为我们认识徐掌教，传递出不少信息。明弘治十七年（1504），时年三十三岁的王阳明担任山东乡试的主考，是年九月又任兵部武选清吏司主事，属正六品。也就在这个时候，他和徐掌教得以认识。当年山东乡试之时，王阳明是主考官，徐掌教是考官。回到京城之后，王阳明任兵部主事，徐掌教同时也到兵部任职。有了这一段渊源，王阳明在寄给徐掌教的诗作中才说"北门倾盖日，东鲁校文年"。所谓"北门"，代指兵部，唐代禁军在皇宫北面，故称禁军将领为北门。"倾盖"，意指在一起共事，车上的伞盖靠在一起，指初次相逢或订交。"校文"，在山东乡试时，与徐掌教一同考评考生们的文章。

至于"徐稚今安在，空梁榻久悬"句，则是王阳明的用典。徐稚（97—168）是东汉隐士，字孺子，豫章南昌人，崇尚"恭俭义让，淡泊明志"，不愿为官而乐于助人。他曾赴江夏（今湖北云梦）拜著名学者黄琼为师，后来黄当了大官，徐就与之断交，并多次拒绝黄邀请他去当官。黄琼死后，徐孺子只身背干粮从南昌徒步数日赶到江夏哭祭，后人敬佩道："邀官不肯出门，奔丧不远千里。"豫章太守陈蕃极为敬重徐稚的人品，专门为他设置一榻，徐来时放下，徐去则悬之。"初唐四杰"之一的王勃去交趾（今越南）看望父亲，在经过南昌时写下的名篇《滕王阁序》中，就有"人杰地灵，徐孺下陈蕃之榻"的名句，对徐稚的人品大加赞颂。王阳明使用这个典故，自然是以徐稚为榜样，赞美徐掌教的人品和才能。

明正德三年（1508），王阳明因得罪刘瑾一伙，被贬谪到贵州龙场驿，成为戴罪"小臣"。更让他意想不到的是，曾经的同事，徐掌教也因正直敢言而得罪刘瑾他们，结果也同样被贬谪流放。

徐掌教被贬谪到贵州后，到底去了哪个地方，具体做什么？这又成为一个待解之谜。有的专家认为，徐掌教被贬的地方应该在安顺附近，距离龙场还是比较远的，不然他不会寄信给王阳明的。也有的专家从王阳明对徐掌教的称呼考证，掌教是明清时期对书院主讲、教官的敬称，王阳明既然称徐为掌教，那么很有可能徐当时已经是贵阳文明书院的教席了。

两种说法，都有其道理，我们姑且不去纠结这些历史的真实细节。或许徐掌教当时真的就在贵阳文明书院任教席，只是刚刚被贬到贵阳，在还没有熟悉环境的情况下，徐掌教就立即给七十里地外的王阳明写信致以老同事的问候，真真实实地表达他对王阳明的关切。王阳明收到老同事的问候信和诗歌后，既激动又悲伤，不由自主地发出"岁月成超忽，风云易变迁"的感慨！激动的是自己在这瘴疠之地，还有旧友惦念，内心得到无限慰藉，甚觉分外亲近；悲伤的是又一位正直之人被贬谪流放，这朝政真是"风云易变迁"啊。

　但，无论如何，既然都是贬谪之身，王阳明与徐掌教"同是天涯沦落人"，那就坎坷与共吧。

湛若水：

海内存知己，天涯若比邻

猗 猗

猗猗涧边竹，青青岩畔松。

直干历冰雪，密叶留清风。

自期永相托，云壑无违踪。

如何两分植，憔悴叹西东。

人事多翻覆，有如道上蓬。

惟应岁寒意，随处还当同。

南 溟

南溟有瑞鸟，乐海有灵禽。

飞游集上苑，结侣珍树林。

愿言饰羽仪，共舞箫韶音。

风云忽中变，一失难相寻。

　　瑞鸟既遭謬，灵禽投荒岑。

　　天衢雨雪积，江汉虞罗侵。

　　哀哀鸣索侣，病翼飞未任。

　　群鸟亦千百，谁当会其心？

　　南岳有竹实，丹溜青松阴。

　　何时共栖息，永托云泉深。

　　从王阳明当年在修文龙场过的那种艰苦艰难的生活，可见其耐心和信心，小人的构陷他不怕，生活的艰难他不怕，阳明心学的一大特点就是人要"事上练"，练就强大内心，练就铮铮铁骨，练就一身正气。

　　从当时的情况看，修文龙场只不过是距离贵阳不到四十公里的山村小寨。然而，当时整个贵州都还处于未开发阶段，何况一个小小山村呢？写到这儿，大家是不是想到明朝初期刘伯温的那首预言诗："江南千条水，云贵万重山。五百年后看，云贵胜江南。"现在的贵州实干苦干、后发赶超，交通基础设施得到翻天覆地变化，有"高速平原"之美誉。

　　但在王阳明所处的时代，龙场条件恶劣、道路艰险。《阳明先生年谱》里这样描述王阳明在龙场生活之艰苦：

"龙场在贵州西北万山丛棘中，蛇虺魍魉，蛊毒瘴疠，与居夷人鴃舌难语，可通语者，皆中土亡命。"《皇明大儒王阳明先生出身靖乱录》也提到："居无宫室，惟累土为窟，寝息其中而已。夷俗尊神，有中土人至，往往杀之以祀神，谓之祈福。"

身处逆境之中，王阳明把自己和朋友比作"松竹"，"如何两分植，憔悴叹西东"，表达自己对好友的思念之情。这位好友是谁？让王阳明在如此困顿之中还念念不忘？这首《猗猗》诗中没有点明。但从全诗中，我们可以深切感受到王阳明与对方的高洁品格和深情厚谊。

《猗猗》中没有点明远方的友人是谁，但是同样作于龙场的另一首诗《南溟》，王阳明似乎把谜底给我们揭开了。这首诗同样表达了他对好友的思念之情，他觉得现在的自己是戴罪之身，被贬谪到遥远偏僻之地，所以非常希望找到一位能够了解自己内心的好友，他想起了曾经和自己一起在京城倡导圣学的湛若水。

湛若水，比王阳明大六岁，广东人，进士出身。他考中进士比王阳明晚六年，王阳明考中是二十八岁，而他考中则已经是四十岁了。湛若水中进士后，授翰林院编修，成为朝廷命官，他们得以相识。湛若水不但学识

超群，而且早已立志为彰显"圣学"献身，尤其致力于陆九渊心学体系的探索和研究，恰与王阳明有着共同的人生追求，并且又都有着非凡的才力和卓越的见识，真是相逢恨晚，于是"一见定交，共以昌明圣学为事"，成为志同道合的好友。

王阳明赴谪离京前夕，湛若水无限感慨地送行话别，"歌九章以赠"，同时王阳明也"作八咏以答之"。离京后王阳明又写有《南游三首》，诗前有小序说："元明与予有衡岳、罗浮之期；赋《南游》，申约也。"意思是讲："湛若水以前曾与自己有约，要找机会同游湖南衡山和广东罗浮山，这三首诗就是对那时相约的感言。"他在路上还有一组三首记梦诗，题目是《梦与抑之昆季语，湛、崔皆在焉觉而有感因记以诗三首》，其中的"湛"就是湛若水。从这几处看来，都可见他对湛的感情之深。

黄澍：

他乡遇故知，喜定还惊吁

赠黄太守澍

岁宴乡思切，客久亲旧疏。

卧疴闭空院，忽来故人车。

入门辩眉宇，喜定还惊吁。

远行亦安适，符竹膺新除。

荒郡号难理，况兹征索余。

君才素通敏，窘剧宜有纤。

蛮乡虽瘴毒，逐客犹安居。

经济非复事，时还理残书。

山泉足游憩，鹿麋能友予。

澹然穹壤内，容膝皆吾庐。

惟萦垂白念，旦夕怀归图。

君行勉三事，吾计终五湖。

京城中的好友黄澍到云南为官，经过贵州时专门到龙场看望王阳明，把正在"理残书"的王阳明吓一大跳，随后就是惊喜。

他乡遇故知，这样的惊喜，不但王阳明"喜定还惊吁"，五百年后的我们，读到这首诗的时候，也和王阳明的心情一样，充满着惊喜和愉悦。

看来王阳明在京城时为官做人确实很好，徐掌教被贬到贵州，做的第一件事就是给远在龙场的王阳明寄信写诗，致以问候。而要到云南做官的黄澍，还专门绕道到龙场的阳明小洞天去看望他。

黄澍去云南，从当时的贵阳北出口，也就是现在的贵阳二桥附近，就可以西行而去。而从贵阳到龙场则有七十里地的路程，当时的交通条件非常有限，黄澍的举动着实让人感动，这也充分说明黄澍和王阳明在以往岁月中的感情是很深厚的。

太守为汉代官名，明朝时则借指知府，都指一郡的最高行政长官。黄澍，字文泽，福建侯官人。此行他是到云南姚安任知府一职。王阳明在诗作题目中写作"太守"，是故意而为之，表示尊称。在这首五言古诗里，王阳明既写出了他意外见到京中旧友的心情，又在诗句之中流露出自己被贬的无奈和不满，同时还对自己的谪

居生活表达了泰然处之的达观态度，也提出了自己归隐
"五湖"的想法。

王阳明在诗中说，"经济非复事，时还理残书"，日
常我要做的就是理理旧书，那些经世济民的事已经和我
无关了；"山泉足游憩，鹿麋能友予"，这里的山山水水
真的很好，环境优美，游玩休憩两相宜，就连那山间的
鹿麋也都认识我并能友好和谐地相处了。

其实，我认为这不是王阳明内心的真实想法，他对
现实不满，也想发发积郁胸中的牢骚。如不然，他又怎
么会劝说黄太守"荒郡号难理，况兹征索余。君才素通
敏，窘剧宜有纡"，你去的那个穷荒之地，也是不好治理
的，你去了后要发挥好你的才干，要宽政爱民。王阳明
仁者的形象跃然纸上，这就是一种胸怀，牢骚归牢骚，
但做起事情却不含糊。

"卧疴闭空院，忽来故人车"，对这两句应该多说一
下。"卧疴"，说明当时王阳明正在生病。按照学者李小
龙先生的分析，王阳明居夷期间，身体状况很不好，经
常遭受病痛的折磨，主要有牙痛、肺病、风湿、忧思上
火、肠胃不适等疾病，这些在王阳明多篇诗文中也有文
字记载。《龙冈漫兴五首》中有"路僻官卑病益闲，空
林惟听鸟间关"；《答毛拙庵见招书院》中有"野夫病卧

成疏懒，书卷长抛旧学荒"；《却巫》中有"卧病空山无
药石，相传土俗事神巫"；《天涯》中有"思家有泪仍多
病，报主无能合远投"；《卧病静慈写怀》中有"卧病空
山春复夏，山中幽事最能知"；等等。生病期间，王阳
明有时会根据书上的记载，自己挖中草药熬汤，有时会
到贵阳就医。

　　"忽来故人车"，这一句也颇有意思。贵州一向被称
为"地无三里平"，特别是当时交通条件非常有限，黄太
守怎么会坐着车去看望王阳明呢？学者张清河先生认为，
黄太守不管是从贵阳还是从别的什么地方到龙场，都不
可能坐车去。现在残留的明清驿道我们还能看到一点儿，
在那高山深壑之间坡坡坎坎屈曲盘旋，车子何以施展？
从合乎情理的角度推测，应该是黄太守到了龙场附近后，
雇了一辆马车到王阳明的住处。那个时候见上一面，真
的不容易。跋山涉水，爬坡上坎，终于相见，叹吁不已。

　　黔道难，已经成为过去。现在贵州的交通早已发生
"千年巨变"，截至 2022 年底，贵州全省高速公路综合
密度位居全国前列，总里程达八千三百三十一公里，实
现了从"千沟万壑"到"高速平原"的重大跨越。如果
能够穿越，黄太守再去修文阳明洞，也就不过三十分钟
的路程。

徐都宪：徐文华还是徐节？

徐都宪同游南庵次韵

岩寺藏春长不夏，江花映日艳于桃。

山阴入户川光暮，林影浮空暑气高。

树老岂能知岁月，溪清真可鉴秋毫。

但逢佳景须行乐，莫遣风霜著鬓毛。

　　明正德四年（1509）初夏，王阳明与徐都宪一道同游贵阳著名的旅游景点南庵，也就是今天的翠微园。从题目中，我们仅能知道这一天他是与徐都宪同游的，但徐都宪具体指的是谁，诗里没有说，至今还没有发现与之相对应的佐证材料。于是，徐都宪是谁？也成了一个谜。

　　"都宪"是一个官职，是明清时期对都察院佥都御史以上官职的称呼。明代初年，沿用元代旧制，设御史台，明洪武十三年（1380）五月罢御史台，洪武十五年（1382）改置都察院。"巡按"也是一种官职，唐天宝五年（746），朝廷派官巡按天下风俗黜陟官吏，"巡按"之名由此而来。明永乐元年（1403）后，以一省为一道，派监察御史分赴各道巡视，考察吏治，称"巡按"。巡按监察御史平时归中央都察院管理，但在履行职能时又不受都察院控制，直接对皇帝负责。

徐都宪是谁？专家学者有两种看法。

一种认为，徐都宪就是当时巡按贵州的御史徐文华。比如吴雁南主编、朱五义注、冯楠校的《王阳明在黔诗文注释》，陈明、王正、谷继明等注释的《王阳明全集》，张清河编注的《王阳明贵州诗译诠》，郝永著的《王阳明谪龙场文编年评注与研究》，束景南著的《王阳明年谱长编》，连玉明主编的《王阳明诗集全编》等，他们在《徐都宪同游南庵次韵》一诗的注释中皆为徐文华。有的注释还作些拓展，普遍的注释是徐文华，字用先，嘉定人，正德间任御史，巡按贵州。

近些年来，又有学者提出了不同的看法，认为徐都宪不是徐文华，应该是贵阳人徐节。持这一观点的有两位专家学者。一是贵州省阳明学学会会长王晓昕先生他在阅《贵州通志·人物志》时，疑"徐都宪"为贵阳人徐节；一是贵州省阳明学学会副会长、贵州龙场王阳明研究院院长李小龙，他在其校注的《居夷集》中的《徐都宪同游南庵次韵》中这样注释："徐都宪：徐节，字时中，贵阳人。成化壬辰（1472）进士，授河南内乡县知县，历官直隶太平府知府、云南右参政、广西右布政使、广东左布政使。正德元年丙寅（1506），进右副都御史，巡抚山西，提督雁门等三关。因廉正得罪刘瑾，被削秩罢官回到贵阳。庚午（1510），刘瑾伏诛，徐节奉诏复职，后致仕家居。"都宪，是都察院都御史的别称。

为了佐证徐都宪确为徐节，李小龙先生还专门进行了一番考证，并把自己考证的结果撰写成《王阳明居夷诗中"徐都宪"考辨》一文。文中提出，徐文华只任过贵州道监察御史，不曾任过都察院左右都御史、左右副都御史、左右佥都御史等职，在其去世约四十年后的明穆宗时，才被追赠为左佥都御史。正德五年（1510）徐文华巡按贵州时，王阳明已经在庐陵知县任上，二人当不曾有交集。

贵阳人徐节，在正德元年（1506）任右副都御史时，正值王阳明因上《乞宥言官去权奸以章圣德疏》而被贬至贵州龙场驿。随后不久，徐节因廉正得罪刘瑾，被削秩罢官回到贵阳。而徐节罢官归贵阳前任都察院右副都御史，巡抚山西，提督雁门等三关，恰好是"都宪"。正德四年（1509）夏天，王阳明前往贵阳拜望徐节，徐节带王阳明游南庵，遂有二人答和之作。

把徐都宪是徐文华，还是徐节，都留给专家学者考证吧。通过这一首诗，王阳明对坐落在贵阳南明河畔的南庵风光给予了精细入微的描写，也为我们道出了五百年前贵阳夏天就非常凉爽的事实。

诸生：
最爱阳明先生独特的讲学方式

诸生来

简滞动罹咎，废幽得幸免。

夷居虽异俗，野朴意所眷。

思亲独疢心，疾忧庸自遣。

门生颇群集，樽罍亦时展。

讲习性所乐，记问复怀觍。

林行或沿涧，洞游还陟巘。

月榭坐鸣琴，云窗卧披卷。

澹泊生道真，旷达匪荒宴。

岂必鹿门栖，自得乃高践。

有了龙冈书院这个"何陋轩"之后，前来听王阳明讲学的学生越来越多，这给他带来了莫大的欣慰。我们知道讲学是王阳明平生最大的喜好，通过讲习讲义，传播文化知识，教化人心。

从立功、立德、立言这三个方面看，王阳明每一方面都非常突出，都做到了极致。但从他个人角度分析，王阳明更关注的是讲学和教化，也就是立德和立言，至于立功和官员的形象他则很少关注。这些我们可以从王阳明的画像中看出端倪。现在我们看到的王阳明的画像，最多的是阳明燕居像。什么是燕居？燕者闲也，燕居即闲居。传世的王阳明画像不少，阳明生前即有，阳明生后直至清代更多。画像有朝服、爵服、戎装、学者服、布衣、野服诸服饰，前三类可归为官服像，后三类可归为燕居像。据明末朱谋垔《画史会要》记载，阳明只认可南康学生蔡世新所作燕居侧坐像。阳明本人之所以认可蔡世新的画，是因为他不愿意给世人留下一个官员的形象。

诸生，有两层含义，一是指学生，一是指生员。生员是府县官学的学生，是有身份的，也就是秀才。从这首诗来看，诸生应该是二者兼而有之的，但更侧重于后者。王阳明讲学自有他的一套方法和特点，他最不喜欢的就是照本宣科，按照教材讲，讲完之后布置作业，然

后熬灯夜战批改课业。王阳明说,我不喜欢这一套,这也不是我的特长,他在《春日花间偶集示门生》一诗中说:"改课讲题非我事,研几悟道是何人?"在《诸生来》这首诗里也说:"讲习性所乐,记问复怀觍。"意思是,讲习是我的性之所乐,记问之学我是感到很没有脸面的。

"林行或沿涧,洞游还陟巘。月榭坐鸣琴,云窗卧披卷。"王阳明的讲学方式最为不拘一格,就像孔子一样,大家可以边吃边聊、边玩边聊,也可以走着聊,或者是干坐着一句话不说也行,"门生颇群集,樽罍亦时展"。甚至还可以与"诸生"推杯换盏。反正只要不是正襟危坐就行,能让学生们学到学问,就算是达到了目的。

后来,王阳明离开龙场后,龙冈书院不久即废,明嘉靖三十年(1551)重建,清代又修建过多次。清乾隆五十年(1785),知县秦睿复建龙冈书院于修文县城东北的察院坡,此处改作絜祀阳明的专祠。现在的书院有正殿、东厢、西厢、元气亭,围成一个四合院。

刘仁征：
不幸病逝在安庄驿

寄友用韵

怀人坐沉夜，帷灯暖幽光。

耿耿积烦绪，忽忽如有忘。

玄景逝不处，朱炎化微凉。

相彼谷中葛，重阴殒衰黄。

感此游客子，经年未还乡。

伊人不在目，丝竹徒满堂。

天深雁书杳，梦短关塞长。

情好矢无斁，愿言觊终偿。

惠我金石编，徽音激宫商。

驰辉不可即，式尔增予伤。

馨香袭肝膂，聊用心中藏。

王阳明这首《寄友用韵》提到的"友",到底是谁？翻看手头上现有的资料，张清河老师编注的《王阳明贵州诗译诠》一书，对王阳明的这位朋友有一个猜测性的解说，认为这位朋友很有可能是刘仁征，他也是因为得罪太监刘瑾一伙，而被贬谪到贵州的安庄驿（今安顺市镇宁县），后来因瘴疠咋毒而病逝在驿站，终其一生也没能看到刘瑾一伙被剪除。为此，王阳明还专门写一篇祭文，祭奠他的这位好友。

若王阳明的这位好友果真就是刘仁征的话，那么他的命运也确实悲乎哉，让人叹息！

刘天麒，字仁征，广西桂林人。明成化二十二年（1486）丙午乡试解元。弘治十五年（1502）壬戌科进士，官授工部主事。他和王阳明是同一年被贬谪到贵州的，王阳明被贬谪到龙场驿当驿丞，他被贬谪到安庄驿当驿丞。安庄驿就在今天的安顺市镇宁县，这个地方的条件应该要比龙场驿稍微好一些。历史上镇宁曾属牂牁夜郎领地，明洪武二十三年（1390），建卫制于纳吉堡（今镇宁县城），因堡中有一奇石名安庄而命名卫城为安庄卫，是年改隶贵州布政司。清康熙十年（1671）裁安庄卫并入镇宁州，隶安顺府。明、清两代镇宁一直是州卫治所驻地，民国三年（1914）改镇宁州为镇宁县，1963 年改镇宁布依族苗族自治县。中国最大瀑布、世界著名大瀑布之一——黄果树大瀑布就在镇宁县境内。

有专家研究分析认为，当时王阳明与刘仁征同时被贬谪贵州后，王阳明径直回浙江老家去，只是后来在武夷山经一位老道点拨后，才前往贵州到龙场驿赴任的。而刘仁征则直接前往安庄驿赴任，所以他来贵州的时间要比王阳明早得多。

明正德三年（1508）春，王阳明刚到龙场驿不久，就收到刘仁征从安庄驿寄来的信件和诗作。王阳明看后，深受感动，当即用刘仁征诗韵写成了这首《寄友用韵》。全诗情感真挚细腻，充满感谢与倾诉，表达了他与友人的深厚情谊。

然而，没隔多久，当年的十一月十八日，王阳明就收到刘仁征因病而逝的噩耗。这让王阳明备受打击，倍感悲痛，也促使他进一步思考人活着的目的和意义。王阳明因"属有足疾，弗能走哭"，便在龙场阳明洞内挥笔写下了《祭刘仁征主事》一文。开篇点题，深悲感叹：从古至今世人都说"仁者必寿"，难道这是欺骗我的吗？不然，看看"刘君"，他一生都在"作善"，但逃不掉病殃而早逝。这是瘴疠造成的吗？不！迫害他的那些奸佞邪人，才是这不正之气之源头。接下来，在这篇文章中，王阳明阐述了他的生死观或者生死智慧，既然死是人的终结点，那么对人生的"修短枯荣"，就不要太在意，重要的是要闻道、弘道和行道。

这篇祭文感情真挚，声情并茂，所发之问，振聋发聩，所阐之理，警醒后世，这也印证了王阳明在龙场"圣人之道，吾性自足，向之求理于事物者，误也"之所悟。好友刘仁征的不幸去世，让王阳明对生死看得更加透彻，人活着的目的与意义更加澄明：只有那些能立德、立功、立言的君子，死后永存不朽，历久益辉。

对于刘仁征，万历《贵州通志》中有这么一句评价："博学多才，生徒从者甚众，郡人至今颂之。"

附

祭刘仁征主事
王阳明

维正德三年岁次戊辰十一月十八日，友生王某谨以清酌庶羞，致祭于亡友刘君。

呜呼！仁者必寿，吾敢谓斯言之予欺乎？作善而降殃，吾窃于君而有疑乎？跖、蹻之得志，在往昔而既有，夷、平之馁以称也，亦宁独无于今之时乎？人谓君之死，瘴疠为之。

噫嘻！彼封豕长蛇，膏人之髓，肉人之肌者，何啻千百，曾不彼厄，而惟君是罹！斯言也，吾初不以为是。人又谓瘴疠盖不正之气，其与人相遭于幽昧遭难之区也，在恷邪为同类，而君子为非宜。则斯言也，吾又安得而尽非之乎？

于乎！死也者，人之所不免。名也者，人之所不可期。虽修短枯荣，变态万状，而终必归于一尽。君子亦曰："朝闻道，夕死可矣。"视若夜旦。其生也，奚以喜？其死也，奚以悲乎？其视不义之物，若将浼己，又肯从而奔趋之乎？而彼认为己有，变而弗能舍，因以沉酣于其间者，近不出三四年，或八九年，远及一二十年，固已化为尘埃，荡为沙泥矣。而君子之独存者，乃弥久而益辉。

呜呼！彼龟鹤之长年，蜉蝣亦何自而知之乎？属有足疾，弗能走哭，寄奠一觞，有泪盈掬。复何言哉！复何言哉！呜呼尚飨。

刘美之：
知君亦欲拂衣尘

答刘美之见寄次韵

休疑迁客迹全贫，犹有沙鸥日见亲。

勋业已辞沧海梦，烟花多负故园春。

百年长恐终无补，万里宁期尚得身。

念我不劳伤鬓雪，知君亦欲拂衣尘。

刘美之给王阳明写诗送去问候的时候，刘美之的官职是铜仁知府。而此时的王阳明却是罪臣，是不入流的龙场驿丞。从王阳明诗作中最后一句分析，刘美之在给王阳明的诗作中肯定也涉及"回乡隐居"的话题，不然王阳明不会说"知君亦欲拂衣尘"。由此可见，刘美之和王阳明之间情谊的深厚。

刘美之何许人也？他又为什么与王阳明的关系这么

密切？刘美之名瑜，字美之，号省斋，山东文登人，生卒年不详，曾历任刑部郎中、铜仁知府。弘治年间，王阳明任刑部主事，刘瑜任刑部郎中。况且，我们还可以从明朝人杭淮的诗作《送刘美之太守赴铜仁》中知道，杭淮是弘治进士，而王阳明也是弘治进士，他们是同时期的人。此外，王阳明被贬谪至龙场，杭淮也曾作诗《送王阳明谪官龙场驿》相赠。由此，我们得知，王阳明、刘美之、杭淮他们三人的关系甚是密切。

从杭淮的《双溪集》中诗作的编排顺序看，《送刘美之太守赴铜仁》排在《送王阳明谪官龙场驿》之前，我们可以推测出，应该是刘美之到铜仁任职在先，王阳明贬谪龙场驿在后。

王阳明经过千难万险到了龙场驿后，刘美之遂写信作诗对老友给予问候，希望王阳明保持达观态度，保重身体，实在不行"回乡归隐"也是不错的选择。同时，刘美之在寄给王阳明的信中，也表露出自己的归隐想法。

然而，王阳明在次韵刘美之的诗中表露出的想法则是，我此时此刻已经没有什么痛苦了，过去那种建功立业、报效朝廷的志向，我已经没有了，都已付"沧海"，只是可惜了故园春色。我知道，你也有这种回乡归隐的想法，咱们真是不谋而合啊！王阳明和刘美之这种两相知心的倾诉，自然是在互相温暖着彼此凄苦的内心。

也有学者认为，从这首诗作能看出王阳明内心世界的复杂性。事实也确实是这样，我们从王阳明被贬谪期间的诗作来看，有的作品表现出他对"道"的执着追求，而有的作品则又表现得灰心丧气。我在阅读王阳明《居夷集》时，给我最强烈的感受就是，王阳明时时刻刻都在想着隐退，"隐退"是他居夷期间作品的关键词，这也是他被贬期间思想的真实表达。这里我们随便摘录几句，便见一斑："吾亦行归田""吾计归五湖""小舟何日返山阴""何年江上却还家""归把鱼竿东海湾""镜湖自昔堪归老""极目海天家万里"等等。我想，这实在是正常不过的事情。

王阳明不是神，作为生命个体，他和我们普通人并没什么两样，所需的生存和发展的基本条件，也和我们普通人没什么差别。后来的"悟道"，不过是他在极度痛苦之中寻求思想出路和精神支撑，寻求度过劫难的理论武器而已。阳明心学，就是他战胜困厄、战胜自我的强大思想武器。

刘侍御：心存气节不无偏

赠刘侍御二首

蹇以反身，困以遂志。今年患难，正阁下受用处也，知之，则处此当自别。病笔不能多及，然其余亦无足言者，聊次韵。某顿首，刘侍御大人契长。

其一

相送溪桥未隔年，相逢又过小春天。
忧时敢负君臣义，念别羞为儿女怜。

其二

道自升沉宁有定，心存气节不无偏。
知君已得虚舟意，随处风波只晏然。

　　王阳明的这首诗是赠给好友刘侍御的。侍御，是一种官职，这是明朝时对监察御史的通称。经查阅资料，刘侍御的原名是刘寓生，在嘉靖《贵州通志》中仅有"刘寓生，石首人"这么一句记载。湖北作家余大中在作品《荆州散记》一书中，则对刘寓生有了较为详细一点的考证和记述：刘寓生，字奇进，号白潭，明弘治十八年（1505）三甲第四十八名进士，湖广石首县（今属湖北荆州）人。

　　从王阳明与刘寓生的诗作唱和中，我们能够感受他们之间的友谊。实际上，刘寓生比王阳明的年龄大很多，是上了岁数的长辈，不然王阳明不会在诗前"小序"中称他为"大人""契长"了。

　　在这首诗中，我们感受最强烈的是，他们之间的同病相怜和互道款曲，以及相互给予的劝慰和鼓舞。但这首诗，似乎还传递出另一种情绪，即刘寓生的心情比王阳明还要郁闷和沉重。按道理说，不应该出现倒过来劝慰的情形，毕竟王阳明是被贬谪的龙场驿丞，而刘寓生则在贵州任监察御史。据专家考证，刘寓生在给王阳明写诗寄信的时候，已经知道被贬了，思想上想不通，写这封信，主要是告诉王阳明自己即将离开贵阳，希望好友多多保重。

王阳明是在逆境中奋勇前行的典型。尤其到了龙场后，他所经历的一切真可谓是"九死一生"。因此，他最有资格来劝慰别人，即使对方年龄大也同样要勉励一番。

"道自升沉宁有定，心存气节不无偏。"我们看他的诗前小序，寥寥数语，却真挚感人。人处于忧患或情绪低落时最不易冷静，因此持守道义、保持尊严显得很重要。人生起伏，情绪的消长是自然规律，因此保持定力，持节不变，做到中正仁义才是正理。王阳明的意思是，其实何用我絮絮叨叨，您本来就是一个胸怀宽广的人，无论什么样的风波都不会影响您。这样的劝慰，既尽到了朋友之道义，也顾及好友刘寓生的尊严，言简意赅，意义深远。我们也能从中读到这样一层意思，这些话其实既表达了王阳明的做人做事准则，也是王阳明对自己的自勉自励。毕竟，此时此地的王阳明，也还是戴罪的"小臣"！

此外，我在查阅资料的时候，发现也有专家学者对刘寓生的身份提出另一种不同看法。有人认为刘寓生是权宦刘瑾的党羽，认为二人是政敌。清初喻嘉才关于石首历史的激情之作《绣林景献记》写道："刘公白潭，廷伏折刘瑾，宫中有小御史之呼。"贵州大学副教授赵永刚也提出过同样的观点，权阉刘瑾派御史刘寓生来贵州刷卷，所谓刷卷就是稽查所属衙门审理刑狱案件的情况。

但不论如何，刘寓生和王阳明有着深厚的交情是事实。且在明嘉靖初年，刘寓生任巡仓御史时，至少还是头脑清醒的官员，那时他曾经上疏："运粮加耗之弊，有太监茶果，每百三厘九毫，岁银一万五千六百两；经历司，该年仓官，各年仓官，门官门吏，新旧军斗，俱每石一厘，共银一万六千两；曰会饯者，曰小汤光银者，各每石一分，共银八万两；曰救斛面银者，每石五厘，计银二万两，皆民脂民膏，乞痛革其弊端。"

此外，刘寓生颇有诗名。这里仅举一例，传说三国时期，刘备与孙尚香在湖北石首举办婚礼后，便西征入川。孙尚香令人在绣林山筑砌高台，每天向西眺望，人称"望夫石"。围绕这一典故，刘方平、黄庭坚、王建、叶太叔等历代不少文学家和诗人都写文作诗。刘寓生本身就是湖北石首人，对此并不陌生，于是他根据这一典故作《望夫台》，颇有意思：

柳眠才青雪又飞，思君因忆别君时。

衡阳雁断书全少，赤壁龙争事亦奇。

月冷关山飞梦远，天连吴楚阵云迷。

临风莫寄相思泪，流向长江无尽期。

陈文学：
唯一得到王阳明亲自赠诗的学生

赠陈宗鲁

学文须学古，脱俗去陈言。

譬若千丈木，勿为藤蔓缠。

又如昆仑派，一泻成大川。

人言古今异，此语皆虚传。

吾苟得其意，今古何异焉？

子才良可进，望汝师圣贤。

学文乃余事，聊云子所偏。

　　陈宗鲁，本名陈文学，字宗鲁，号五粟，明朝贵州宣慰司（今贵阳）人。他是王阳明在贵州众多弟子中最为出色的学生之一，同时也是唯一一个得到王阳明亲自赠诗的学生。

　　陈文学是明正德十一年（1516）的举人，当时王阳
明正巡抚赣南，陈文学与龙冈书院的同学汤冔一道前往
云南参加乡试，同时中举，他们也成为王阳明黔中弟子
中最早考中举人的两人。这一年陈文学三十四岁，此后
他为政十余年，清廉自守，于嘉靖九年（1530）出任陕
西耀州知州（今陕西省铜川市耀州区），官至五品。后来
陈文学辞官回到家乡后，专心治学，著有《耀归存稿》
《余生续稿》，其门人统编为《陈耀州诗集》，又称《五栗
山人集》，邵元善作《序》。陈文学与汤冔继承了王阳明
的良知学，以开黔学。

　　王阳明龙冈书院讲学成为贵州教育史上前所未有的
盛事，吸引了众多慕名而来的年轻学子。陈文学即其中
之一，而这个时候的陈文学喜欢舞文弄墨，一心沉溺于
文学技巧。陈文学的表现引起了王阳明的注意，认为如
果他这样沉迷于"技巧"，就有可能偏离圣贤之道。为
了纠正陈文学的这一错误认识和做法，更好为其指明
"为学之道"，王阳明就写下这首《赠陈宗鲁》，"学文须
学古，脱俗去陈言"，以我的观察看，你"良可进"，希
望你"师圣贤"，不要陷入所谓的技巧之中，这样才能
不走偏。后来的事实证明，陈文学听从了老师的劝告

和警示，果然不负王阳明期望，潜心理学，最终学有所成，成为黔中王门的佼佼者，进入王阳明著名弟子之列。

陈文学所任知州的耀州，不是平凡之地，这里既是唐代药王孙思邈的家乡，也是宋代政治家范仲淹为政教化之地。在耀州的三年（1530—1532）时间里，陈文学闲暇之余遍览当地名胜古迹，吟诗作赋。比如，他到耀州城东三里的药王山游览，先后写下两首诗作以示对药王孙思邈的纪念。至今他的这两首诗还嵌刻在药王山北洞西玄门右侧墙壁上。

在耀州期间，陈文学还重修范仲淹的"文正书院"，并特意撰写《阳明先生文明书院教条》一文，刻碑于重修的"文正书院"内。《阳明先生文明书院教条》碑刻现出土于耀县塔附近的"步寿原"（步寿宫）南沿，对探究阳明心学在陕西地区的早期传播，具有十分重要的价值。

明嘉靖十一年（1532），五十岁的陈文学辞官回到家乡贵阳。回到故里之后，陈文学最重要的事情就是传播阳明心学，他与同门弟子叶梧、汤冔等搜集和整理阳明先生遗著，先后编刻《居夷集》《阳明先生文录》《阳

明先生文录续编》《阳明先生遗言集》等书。其中黔刻本《阳明先生文录》三卷、《新刊阳明先生文录续编》三卷流传至今，为后世保存了十分珍贵的阳明学文献资料。

知名文化学者杨德俊在《王阳明龙冈书院弟子陈文学》一文中介绍说，嘉靖十三年（1534），王阳明浙中私淑弟子王杏巡按贵州，陈文学联合黔中王门弟子数十人，请求王杏建"阳明书院"及"王公祠"于贵阳，"以慰士民之怀"。于是王杏赎贵阳城东白云庵旧址修建书院和祠堂，这是全国最早的"阳明书院"和"王公祠"之一。嘉靖三十年（1551），江西王门弟子胡尧时任贵州按察使，增修贵阳"阳明书院"，主持刻印阳明著作，颁行贵州学校、书院以作教材之用，"令学徒知所景仰，士风为之大变"。同年，巡抚刘大直与浙中王门弟子赵锦等重修龙冈书院，并派人到江西请阳明学大师罗洪先、邹守益撰写《新建龙冈阳明祠碑记》和《龙冈书院祭田记》。陈文学作长诗《何陋轩歌》以纪其盛，清代西南大儒莫友芝在《黔诗纪略》一书中称陈文学"承良知之派以开黔学"。

最后，还得就"陈文学与汤冔前往云南参加乡试"

做一些必要的补充和说明。

　　明代以前，除了属于四川管辖的遵义播州土司之外，贵州省内尚未开科。贵州设科始于明洪熙元年（1425），诏令"贵州应试者就试湖广"。宣德二年（1427），贵州布政使司奏湖广路远，云南为近，宜就近为便。获准从宣德四年（1429）改为云贵合试，考场设在云南省会昆明。嘉靖九年（1530），给事中贵州思南人田秋题奏：贵州生儒远赴云南考试，最为艰苦，为了激励远人，恳请单独开科。经巡按贵州的王杏勘议上奏，遂于嘉靖十四年（1535）准许云南、贵州各自设科，迄于清末废科举，再未改变。

　　有史料记载，从明初至崇祯三年（1630）的两百余年间，贵州共建官学四十七处，全省各处"偏（遍）立学校，作养人才""人才日盛，科不乏人……文章气节与江南才俊齐驱"。《贵州通志》载，清朝时，贵州共有一百四十所书院、三百零一所义学以及大量私塾，官学、书院、义学、私塾林立。道光年间，教育发达的遵义地区出现"经行虽僻，无一二里无童塾声"的景象。明清五百余年，贵州科考取得了"六千举人，七百进士""三鼎甲"的骄人成绩，被誉为"俊杰之士，比于中州"，出现"两状元一探花"（赵以炯、夏同龢，杨兆麟）。而在王阳明入黔前的七十多年时间里，贵州产生的进士仅有二十四名。清代大儒赵熙在《南望》一诗中写道："绝代经巢第一流，乡人往往讳蛮陬，君看缥缈綦江路，万马如龙出贵州。""出贵州"的这些清朝贵州进士中，才华横溢的优秀人物不可胜数，比如，"中兴名臣"丁宝桢，诛杀宦逆，整顿吏治，兴修水利，兴办洋务，一生以救国救民为己任；李端棻，为北京大学首倡者、戊戌变法领袖、中国近代教育之父、民主先驱，毕生致力于中国改革。

附

正月二日登太玄洞一首

陈文学

绝岭云横石洞深，绿岗古柏正森森。

回廊泉活春长在，断碣苔封字漫□。

垂世几言归正论，活人千载著仁心。

肩舆偶为宜民发，瞻拜遗容仰德钦。

安宣慰：把话说给懂的人听

与安宣慰（选摘）

使君宜速出军，平定反侧，破众谗之口，息多端之议，弭方兴之变，绝难测之祸，补既往之愆，要将来之福。

说起王阳明的"尺牍止乱"，大家都对王阳明摆事实、讲道理，以及鞭辟入里、入木三分、娓娓道来的说服能力佩服有加。事实也是如此，王阳明不仅仅是心学大师，而且还是一位心理学大师。王阳明这位心理学大师，更知道把话说给谁听、怎么说才有用的重要性。否则，不就成了对牛弹琴吗？况且，装睡的人是永远叫不醒的。

安贵荣就是这么一位"懂的人"。王阳明给他写的

"三书",每一"书"的道理,安贵荣都能心领神会,对的就坚持,错误的就改正,需要付诸行动的绝不停顿半刻。

王阳明被贬谪到贵州龙场的时候,安贵荣是贵州宣慰使,为贵州宣慰使奢香夫人的第八代孙,任职贵州宣慰使二十余年。从安贵荣任职的这二十余年看,他励精图治,屡建战功,政绩卓著,深受水西百姓敬仰。王阳明到龙场后,对王阳明非常敬仰的安贵荣,经常派人送米、油,甚至金帛、鞍马等。但这些都被王阳明再三谢绝,仅收下两石米、一些柴炭和鸡鹅,其余全部退回,并给安贵荣写《与安宣慰(一)》致以谢意。

王阳明的这封信,紧紧围绕"礼"字作文章,把拒绝和感谢都表现得合理真诚。王阳明在信中说自己是"罪臣"之身,不宜与当地高级官员结交并接受贵重礼物。但王阳明也不是不通人情地一概拒绝,面对安贵荣多次以礼相送,他结合自己刚到龙场的生活处境,象征性地收下一些生活必需品,以示感谢。同时在信中,王阳明还明里暗里劝告安贵荣,作为一方长官,应该带头维护好待人之"礼"。相信安贵荣看完信件后,既能感受到谢意,也能收获到尊重。这一点在两人后续的交往中,也得到了充分证实，包括前面写到的，安贵荣请王阳明为修葺一新的"象祠"作文。

安贵荣在明成化十年（1474）袭任贵州宣慰使一职，曾因屡次从征安边有功，受到朝廷嘉奖，被封为昭勇将军，地位在贵州所有土司之上，拥有兵众四十八万，辖地千余里。正德三年，安贵荣从征香炉山平定苗乱，又升为贵州布政使司右参议一职。对这一官职，安贵荣颇有意见，既嫌给的官小，又嫌朝廷在他的水西腹地设置军驿。于是，安贵荣就把"请功升官"和"要求撤驿"这两件事一道请王阳明出主意想办法，这样便有了王阳明写给安贵荣的第二封信，这封信便是《与安宣慰（二）》。

在《与安宣慰（二）》中，王阳明语重心长，循循善诱，对各种利害关系的分析，让安贵荣恍然大悟，五体佩服，遂放弃"奏功"念头和"减驿"想法。信中王阳明是这样劝诫安贵荣的：凡朝廷制度都应该世世遵守，不可以擅改，水西土司之所以能够长久统辖现有大片土地，就因为你们能够世守天子礼法，竭尽忠心，不敢分寸有所违。这样一来，中央与地方都遵守定制，相安无事。如果你要求朝廷撤驿，那么朝廷也可以革去你的宣慰司，此中利害得失，你为什么不好自思量呢？再说要求升职也不妥。本来，宣慰使是土官，世有其土地人民，而参议则是流官。"东西南北，惟天子所使"，把你调动"或闽或蜀"，你敢不服从吗？那样的话，"千百年之土地非复使君有矣"。所以，"今日之参政"，你也应该赶快辞去，岂可再请升官。安贵荣深感考虑不周，差点酿出祸端，听从了王阳明的教导，从此更加敬重王阳明。

王阳明写给安贵荣的第三封信，也就是《与安宣慰（三）》被当时和后世所推崇，认为这封信在保全安氏家族的同时，更是一封稳定贵州乃至西南地区的"尺牍止乱"之信。

王阳明被贬到龙场的这一年，在省城贵阳附近的水东土司宋然领地之内，发生了苗族阿贾、阿札的叛乱，人数达二万余人之众，时间长达四年（1508—1512）。引起这场让"朝野震动"的叛乱的原因，主要有两个，一是水东土司宋然贪淫，"乖西苗贼阿杂等之叛，由宣慰宋然激之"；二是水西安贵荣按兵不动，企图乘乱夺取水东宋氏土司地盘。面对这一严重事件，王阳明给安贵荣写了"第三书"。在这封信中，王阳明直陈安贵荣的错误行为和可能导致的后果。贵州学者、老报人刘学洙先生在《贵州开发史话》一书中指出，王阳明向安贵荣分析了四个要点。第一，安贵荣有助乱之罪。阿贾、阿札之乱，传闻乃安贵荣指使，并提供毡刀、弓弩等物资，地方官员及朝廷文移三至，安贵荣才派兵解洪边之围，拖延达三月之久。第二，纵兵之罪。安贵荣解洪边之围后，又称疾归卧水西，部下诸军潜回，徒增剽掠，以重民怨，贵州民情不平。第三，固守割据之罪。有人扬言称，安氏连地千里，拥众四十八万，不必为宋氏出一兵一卒，朝廷也无可奈何。第四，流言传播，加速安氏之祸。假使朝廷下片纸于其他土司，命各自为战，共分安氏土地，安氏必朝令而夕亡。王阳明强调安贵荣必须出军，将功补过。

王阳明的四点分析，直指安贵荣要害。安贵荣接受了王阳明的指教，改变耍滑头态度，急速出兵帮助官兵平定了叛乱。《明史》称："终明之世，文臣用兵制胜，未有如守仁者。"就这样，王阳明通过一纸书信，使拥兵四十八万、蠢蠢欲动的贵州最大土司安贵荣俯首帖耳，听从朝廷调遣，帮助官军平定叛乱，《黔记》称："终贵荣之世，不敢跋扈者，公之功也。"这就是历史上著名的"尺牍止乱"的故事。

此后一百余年，安贵荣的后代也没有发动叛乱，甚至安氏土司一直是明廷平定贵州和西南战乱的重要依靠力量，比如，安氏土司帮助平定了明末播州之乱和清初吴三桂叛乱。民国学者称："所谓一纸书，足当千万兵者，阳明这封信，真可当之无愧。……以空拳赤手之小吏，而能替国家有形无形消灭多少灾祸。此种伟大精神与人格，颇值得后世永远效仿。"

王阳明与安贵荣的交往，特别是他的三封《与安宣慰》书信，体现出了他站在"大一统"的立场上，维护民族地区稳定的政治智慧。

附

与安宣慰

王阳明

其一

某得罪朝廷而来，惟窜伏阴崖幽谷之中，以御魑魅，则其所宜，故虽夙闻使君之高谊，经旬月而不敢见，若甚简亢者。然省愆内讼，痛自削责，不敢比数于冠裳，则亦逐臣之礼也。使君不以为过，使廪人馈粟，庖人馈肉，园人代薪水之劳，亦宁不贵使君之义而谅其为情乎！自惟罪人，何可以辱守土之大夫，惧不敢当，辄以礼辞。使君复不以为罪，昨者又重之以金帛，副之以鞍马，礼益隆，情益至，某益用震悚。是重使君之辱而甚逐臣之罪也，愈有所不敢当矣！使者坚不可却，求其说而不得。无已，其周之乎？周之亦可受也。敬受米二石，柴炭鸡鹅悉受如来数。其诸金帛鞍马，使君所以交于卿士大夫者，施之逐臣，殊骇观听，敢固以辞。伏惟使君处人以礼，恕物以情，不至再辱，则可矣。

其二

减驿事非罪人所敢与闻，承使君厚爱，因使者至，闲问及之，不谓其遂达诸左右也。悚息悚息！然已承见询，则又不可默。

凡朝廷制度，定自祖宗，后世守之，不可以擅改。在朝廷且谓之变乱，况诸侯乎？纵朝廷不见罪，有司者将执法以绳之，使君必且无益。纵幸免于一时，或五六年，或八九年，虽远至二三十年矣，当事者犹得持典章而议其后。若是则使君何利焉？

使君之先，自汉、唐以来千几百年，土地人民未之或改，所以长久若此者，以能世守天子礼法，竭忠尽力，不敢分寸有所违。是故天子亦不得逾礼法，无故而加诸忠良之臣。不然，使君之土地人民富且盛矣，朝廷悉取而郡县之，其谁以为不可？夫驿，可减也，亦可增也；驿可改也，宣慰司亦可革也。由此言之，殆甚有害，使君其未之思耶？

所云奏功升职事，意亦如此。夫划除寇盗以抚绥平良，亦守土之常职，今缕举以要赏，则朝廷平日之恩宠禄位，顾将欲以何为？使君为参政，亦已非设官之旧，今又干进不已，是无抵极也，众必不堪。夫宣慰守土之官，故得以世有其土地人民；若参政，则流官矣，东西南北，惟天子所使。朝廷下方尺之檄，委使君以一职，或闽或蜀，其敢弗行乎？则方命之诛不旋踵而至，捧檄从事，千百年之土地人民非复使君有矣。由此言之，虽今日之参政，使君将恐辞去之不速，其又可再乎！凡此以利害言，揆之于义，反之于心，使君必自有不安者。夫拂心违义而行，众所不与，鬼神所不嘉也。

承问及，不敢不以正对，幸亮察！

其三

阿贾、阿札等畔宋氏，为地方患，传者谓使君使之。此虽或出于妒妇之口，然阿贾等自言使君尝锡之以毡刀，遗之以弓弩，虽无其心，不幸乃有其迹矣。始三堂两司得是说，即欲闻之于朝，既而以使君平日忠实之故，未必有是，且信且疑，姑令使君讨贼。苟遂出军剿扑，则传闻皆妄，何可以滥及忠良？其或坐观逗留，徐议可否，亦未为晚，故且隐忍其议。所以待使君者甚厚。既而文移三至，使君始出。众论纷纷，疑者将信，喧腾之际，适会左右来献阿麻之首，偏师出解洪边之围，群公又复徐徐。

今又三月余矣，使君称疾归卧，诸军以次潜回，其间分屯寨堡者，不闻擒斩以宣国威，惟增剽掠以重民怨，众情愈益不平。而使君之民罔所知识，方扬言于人，谓宋氏之难，当使宋氏自平，安氏何与而反为之役？我安氏连地千里，拥众四十八万，深坑绝地，飞鸟不能越，猿猱不能攀，纵遂高坐不为宋氏出一卒，人亦卒如我何？斯言已稍稍传播，不知三堂两司已尝闻之否。使君诚久卧不出，安氏之祸必自斯言始矣。

使君与宋氏同守土，而使君为之长，地方变乱，皆守土者之罪，使君能独委之宋氏乎？夫连地千里，孰与中土之一大郡？拥众四十八万，孰与中土之一都司？深坑绝地，安氏有之，然如安氏者，环四面而居以百数也。今播州有杨爱，恺黎有杨友，酉阳、保靖有彭世麒等诸人，斯言苟闻于朝，朝廷下片纸于杨爱诸人，使各自为战，共分安氏之所有，盖朝令而夕无安氏矣。深坑绝地，何所用其险？使君可无寒心乎！且安氏之职，四十八支更迭而为，今使君独传者三世，而群支莫敢争，以朝廷之命也。苟有可乘之衅，孰不欲起而代之乎？然则扬此言于外，以速安氏之祸者，殆渔人之计，萧墙之忧未可测也。使君宜速出军，平定反侧，破众谗之口，息多端之议，弭方兴之变，绝难测之祸，补既往之愆，要将来之福。某非为人作说客者，使君幸熟思之。

参考文献

1. 朱五义注：《王阳明在黔诗文注释》，冯楠校，贵州教育出版社，1996年。

2. 余怀彦主编：《王阳明与贵州文化》，贵州教育出版社，1996年。

3. 王晓昕主编：《王阳明与贵州》，贵州人民出版社，1996年。

4. 《王学之思》编辑委员会编：《王学之思：纪念王阳明贵阳"龙场悟道"490周年论文集》，贵州民族出版社，1999年。

5. 王晓昕、李友学主编：《王学之魂》，贵州民族出版社，2005年。

6. 中华书局编辑部编：《名家精译古文观止》，中华书局，2007年。

7. 贵州省档案馆编：《贵州名胜旧览》，中国档案出版社，2008年。

8. 袁仁琮：《解读王阳明》，巴蜀书社，2009年。

9. 周月亮：《大儒王阳明》，海南出版社，2010年。

10. 贵州省文史馆、贵州省历史文献研究会编：弘治《贵州图经新志》，张祥光点校，贵州人民出版社，2015 年。

11. 赵平略主编：《王阳明名言名篇赏析》，贵州人民出版社，2016 年。

12. 张清河编注：《王阳明贵州诗译诠》，贵州人民出版社，2017 年。

13. 冯梦龙、邹守益原著：《王阳明图传》，张昭炜编注，上海古籍出版社，2017 年。

14. 严进军编著：《王阳明在贵阳·一诗一文一故事》，贵州人民出版社，2018 年。

15. 张清河编著：《纵横浅说王阳明》，贵州人民出版社，2019 年。

16. 谌业军、胡启富编著：《王阳明居黔记》，贵州人民出版社，2020 年。

17. 王守仁：《居夷集》，李半知校注，贵州人民出版社，2020 年。

18. 连玉明主编：《王阳明诗集全编》，商务印书馆，2022 年。

19. 连玉明主编：《跟王阳明学修心》，商务印书馆，2022 年。

20. 郦波：《心学的诞生》，贵州人民出版社，2023 年。

后　记

　　王阳明是明代著名的思想家、哲学家和军事家，精通儒家、道家、佛家之学，是阳明心学的开创者。同时，王阳明还是一位文学家，在诗歌创作领域成果颇丰，只不过他的诗歌与阳明心学相比起来，没有那么耀眼而已。

　　王阳明一生创作了多少首诗作？过去大家一致认为是 580 多首。后来根据专家学者"谨慎鉴别，全面考证"后的为 554 题 744 首，增加的这 160 多首主要是一些背景考释的散佚诗。王阳明的诗作中，在贵州创作的占有相当大的比例，这里面以其《居夷集》为最。文化学者张清河先生在《王阳明贵州诗译诠》一书中介绍，王阳明一生保留下来的近 600 首诗作中，写作于贵州的就占六分之一，有 104 首。贬谪贵州期间，王阳明还创作了不少文章，比如收录进《古文观止》的《瘗旅文》《象祠记》，以及《与安宣慰》三书等。王阳明的这些诗文，全面地反映了他的谪居生活和思想动态，成为他龙场悟道的见证和阳明心学的重要组成部分。

为了让阳明心学实现价值提升，2020 年 9 月，贵州省委宣传部、贵州省新闻出版局、贵州省版权局发布了"阳明·问道十二境"文化符号，这十二境基本上勾勒出王阳明在贵州的行走轨迹和主要经历，具有三个显著特点：一是洞窥阳明文化之精粹；二是彰显古今巨变时代发展；三是辐射了丰富的贵州文化资源。我有幸参与其中的一些工作，其间查找和阅读了大量王阳明贵州诗文和其他相关资料。在查找和阅读这些材料的过程中，我在学习领会阳明心学、感受到阳明心学博大精深的同时，也对王阳明诗文中涉及的古今地名、一系列人物产生了浓厚的兴趣。诗文中提到的很多地名，今天依然是那个时候的叫法，比如太慈桥（太子桥）、头桥、二桥、三桥、天生桥、来仙洞（仙人洞）等。有些地名，特别是楼堂馆所，已经不复存在，比如蔡氏楼、白云堂、易氏万卷楼等。诗文提到的许多人物，更是各具特点，值得深入挖掘一番。于是闲暇之余，我在各种材料之间往来穿梭，这些材料既有古籍文献，又有当代专家学者的论述论著，更有不同版本的王阳明作品。

梳理的过程也是学习的过程，从中我对阳明心学有了更加深入和深刻的认识，同时也更加感受到致良知和知行合一对当下的作用。"致良知"，旨在唤醒人们对良知的敬畏和依良知做人做事；"知行合一"，旨在警示人们不要说一套做一套，而要心口如一、言行一致。在学习王阳明贵州诗文时，不论王阳明行走贵州的脚步有多远、空间距离有多长、心路历程又有多艰辛，也不论这期间都有哪些人出现在王阳明的"朋友圈"，始终感动着我的是王阳明的执着和坦诚。

我认为，王阳明还是一位有趣的人。诗文中他直言直语、不啰唆，喜形于色但又思想深刻，记事、写景、咏物、抒怀、酬答，几乎每首诗都坦诚表达了自己的思想与情感。有的诗高兴忘忧，有的诗愤愤不平，有的诗哀叹悲观，有的诗思乡怀旧，诗里有他思想上的喜、怒、哀、乐，经历上的酸、甜、苦、辣。高兴开心的时候，他与朋友们推杯换盏，"一杯又一杯"；想家的时候，他月夜独徘徊，多写思乡与归隐的诗句；愤怒的时候，他毫不掩饰自己的情绪，"牢骚"甚多。当然，还有他的自信，比如"他年贵竹传异事，应说阳明旧草堂"。王阳明不虚假不造作，不虚妄不忽悠，很真实很坦诚，实实在在，让人由衷敬佩。

　　苦难是人生的老师。从繁华之都坠入荒山野岭，王阳明的人生发生重大转变。龙场悟道，心学诞生。然而，这个转变的内在心迹如何寻得？我们或许可以从王阳明在贵州留下的众多故事、诗词、文章中探寻。这也是我写作本书的初衷。当然，我也自知学浅才疏，粗疏错漏在所难免，敬请读者朋友给予批评指正。